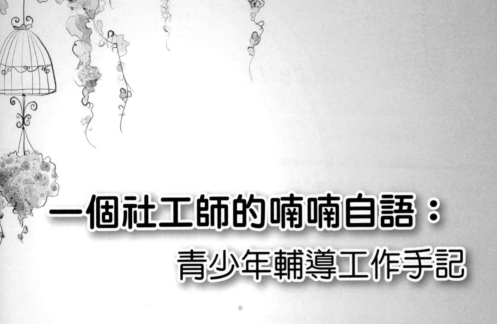

一個社工師的喃喃自語：
青少年輔導工作手記

蘇益志　著

Contents

蘇益志

現　職： 臺灣青少年與家庭輔導協會理事長、執業社會工作師、國立屏東科技大學社會工作系／高雄醫學大學醫學社會學與社會工作系／正修科技大學幼兒保育系兼任講師、高雄市／屏東縣少年輔導委員會外聘委員、法務部明陽中學妨害性自主罪輔導評估小組委員、屏東地方法院檢察署修復促進者、高雄紅十字育幼中心／慈德育幼院／陽光家園／台南鹿野苑／雲林教養院／南投陳綢少年家園等兒少安置機構外聘督導、吳就君教授「團體動力／家族治療工作坊」協同領導者等

學　歷： 國立中興大學社會學系社會工作組學士、國立高雄師範大學輔導與諮商研究所碩士、樹德科技大學人類性學研究所博士班

經　歷： 高雄少年及家事法院／屏東地方法院專任心理輔導員、國立屏東大學教育心理與輔導學系兼任講師、法務部嘉義監獄性侵害收容人外聘治療師、高雄少年及家事法院家事調解委員、高雄市政府教育局學校社工師／國中輔導教師分區外聘督導、高雄市政府中途學校指導委員會外聘委員、高雄市政府社會局青少年外展服務方案外聘督導／兒少安置機構危機評估處遇小組外聘委員、高雄市／屏東縣政府衛生局毒品危害防制中心個案管理師外聘督導、高雄市社會工作師公會常務理事等

自　述： 從事青少年與家庭輔導工作十餘年，也跟隨國內家族治療大師吳就君教授進行團體動力與家族治療的經驗學習和教學十餘年，相信助人工作中要有人味、善意，也不斷在自我生命中周而復始地完成覺察、反思與行動的實踐歷程

著　作： 《觸法少年輔導實務：晤談室中的沉思、領悟與行動》
《一個社工師的喃喃自語：青少年輔導工作手記》

獲獎紀錄： 2010 年高高屏社工表揚「專業論述獎」

電子信箱： t8879576@gmail.com

吳 序

與益志的相識有十多年了。他給我的印象與我看著「玩具總動員」（華德狄斯耐卡通片）裡的「巴斯光年」（Buzz Lightyear）會發生剎時間的相連。他們倆的模樣和精神在我看來有相似處。我看到的是善良、憨厚、爽直、想做好事的意圖強烈的人。話說回來，經過這麼多年與益志的相識，我分享他讀書的進程、生命的許諾與憧憬，他對青少年工作的熱愛，對自己原生家庭和自己組成的家庭堅忍負重地擔當角色責任，在工作崗位上——那是沉重的司法系統裡，較弱勢的心理輔導員的位置，他持續做下來儘量不背叛自己要實踐的理念。我欣賞他的精神和決定。

本書的寫作裡描述他工作的沉澱和看法：

「……我看見了小翼的掙扎、案叔的無奈、學校輔導老師的無力，以及整個支持系統的束手無策；我不禁慨嘆，少年逃學逃家的行為背後，其實隱含著家庭系統、學校教育系統，甚至是大社會環境系統出了問題，但習慣問題解決的我們，通常只聚焦、著力在處理個案看得見的行為，卻忽略了那隻潛藏在後、始終讓人難以洞見的系統黑手。」（詳見本書第十話）

益志的助人工作是我認同和支持的。他與案主「小猛」（化

名，詳見本書第八話）相遇時，他會幫助當事人接觸自己，面對自己的處境，這需要益志和小猛的互動都能夠進入雙方各有主體的存在感，和兩個主體的連接感，而不是糾纏不清或模糊不清、似有似無的工作關係。穩定清楚的工作關係就有可能激發小猛的主體力量，用來思考自己要如何走下去，這才是引導小猛生命的能量往建設性、有益於小猛增長的方向去努力。

益志為什麼有這樣的能耐能夠與當事人如「小猛」的「人」連接，與「叮叮」（化名，詳見本書第九話）的「人」工作，與「小翼」（化名，詳見本書第十話）的「人」接觸？這就是益志用自己的「心」做到了。他真真切切地面對自己的生命經驗，而不是追求外在的人云亦云，或者努力運用技術想把人矯正而已。一個助人者持續地與案主工作的過程中，願意反省自己、了解自己在做什麼，接納自己的不足處，經常刷新自己重新出發，有目標、有熱情，這樣的助人者是我所認識的益志，也是我所嚮往的人生。

曾任國立臺灣師範大學衛生教育學系教授

2010 臺灣心理治療與心理衛生年度聯合會終身成就獎得主

吳就君

100.02.14 寫于臺北

王 序

益志那天神采奕奕到我辦公室，說要將這幾年所寫有關青少年輔導工作的文章集結出版，問我可不可以為這本書寫篇「序」，我心想我這一輩子還未寫過「序」，也不清楚「序」要怎麼寫，而且對自己的文筆也沒把握，能不能成「序」也沒信心，原想推拒，但看到益志彌勒佛般的笑臉，脫口而出的竟然是「沒問題」，益志大概暗中對我施展了「輔導」的專業能力。

益志在屏東地方法院及高雄少年法院擔任心理輔導員多年，所輔導的個案，皆是由法官或調查／保護官所轉介的少年，而法官或調保官之所以會將少年轉介由心輔員輔導，應該是這個少年在法官及調保官心目中，比較「難纏」或「難搞」，法官及調保官對之有點束手無策，想藉助於心輔員的專業，找出輔導少年的切入點。因此，益志所輔導的少年，皆非自願性個案，均是被強令需接受輔導的少年。這些少年的特質，是冷漠、排斥、抗拒、退縮、低自尊心、高情緒化，但益志了解他們、包容他們、進而幫助他們。益志在【星光熠熠耀夜空：辦理青少年輔導活動的意義追尋】一文寫到：「前來法院接受保護處分的少年，多半學習與成就動機都不高，這與其成長環境中多半充滿叨唸、指責、批評、否定的負面訊息，而欠缺如肯定、支持、讚賞、鼓勵、接納、尊重等正向回饋有關，致使少年因缺乏成功經驗而看不到自己的能力，故自信心與自我價值感相當低落。一旦質疑自己的能

力，少年就容易裹足不前、害怕行動，從而又掉進自我否定、貶抑的惡性循環裡。因此，無論是晤談性質的個別輔導，還是人數眾多的輔導活動辦理，如何引導少年『看見』自己、『發現』自己，進而『肯定』自己、『接納』自己，不再頹廢消極、自暴自棄，就成為青少年輔導工作的實質內涵。」旨哉斯言，綜觀全書，益志將上開輔導內涵靈活運用於各個案例中。

　　益志是一位感情豐沛的大男人，雖然全書談的是輔導的專業課題，但他「筆鋒常帶感情」，每篇文章分開來閱讀，也是優美的散文，觸動人心的佳言妙句，俯拾即是，我很喜歡他文章中的一段話：

> 「人都是一樣的！
> 　苦的時候，需要有人了解；
> 　倦的時候，需要有人陪伴；
> 　怕的時候，需要有人支持；
> 　困的時候，需要有人商量；
> 　迷的時候，需要有人引導。
> 　而心理輔導所能提供的，就是讓人在苦、倦、怕、
> 　困、迷的時候，
> 　有一個可以佇足休憩、釋放、沉澱、覺察與改變的心
> 　靈避風港。」

　　這是一本可以當散文作品輕鬆閱讀，卻可以帶給你許多輔導專業知識的好書，我當然樂為之序。

臺灣高雄少年法院院長

王光照 100.01.25

林 序

益志送給我他的第一本書《觸法少年輔導實務：晤談室中的沉思、領悟與行動》是在 2007 年 1 月 26 日，沒想到第二本書《一個社工師的喃喃自語：青少年輔導工作手記》很快地就展現在我眼前。想到他一邊修讀學位的同時，能將手上進行的工作做如此完善的記載，甚至出書，可見其驚人的效率與對工作的熱愛。

在這本書內，除了將每一個當事人、每一個歷程及相佐的理論做整理外，其中含有作者本身非常誠實的心境寫實。每個故事讀來均令人心疼也心動。心動的是他們的故事開啟所有閱讀者的心；心疼的是故事的主角太多在我們的疏忽下，歷經人生的苦楚和徘徊。

作者運用案例故事的寫法，讓閱讀者在愉快、易懂的書境與心情下，深入體會並運用輔導的技能。

一個初學輔導的人，經常會因遇到當事人之性格不同，事例不同，而有疲於應對之感，急需有前人詳細的經驗與輔佐，帶領其進入這個「助人」的樂園，而這本書剛好符合這需求。我非常願意推薦這本書給所有想助人的人閱讀及應用。

樹德科技大學應用社會學院院長暨人類性學研究所所長

林燕卿 100.01.30

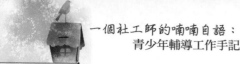

鄔 序

翻開益志所寫的《一個社工師的喃喃自語：青少年輔導工作手記》一書，就可以感受到他對輔導工作所懷抱的熱情。就一個助人工作者來說，要達到助人目標的首要條件就是：助人者能向對方傳遞關心，並能使接受的一方感受到這份熱情。益志在細述每一個案例時，無不傳達著他對人與社會環境的全心擁抱，以及無比的期許。顯然的，在閱讀此書的過程中，身為讀者的我，也會不自覺地開始省思：現在的我是否仍然是那一個抱持著初衷在從事助人工作的我呢？換句話說，閱讀此書將可促使每一位實務工作者對自己的助人工作有所省思。

此書是益志從事輔導工作多年的實務紀錄，因此，讀者將可經由作者的眼光來解析當前青少年所處的社會環境，以及他們的內心世界。從其中，我們似乎可以嗅到一些希望，也看到一些力量。換句話說，在閱讀的過程中，任何一位實務工作者都能因此而得以增能，找到我們的內在資源，進而為我們目前服務的對象尋覓更有意義的工作方向。

在此書中，益志試圖將其奉行的工作理念完整呈現，因此，讀者可以看到一位助人工作者的專業成長歷程。對從事助人工作的新手來說，此書將能為他們提供一個很好的學習模範。換句話說，此書讓我們看到，從事助人工作的人若要發揮助人功效，又能享受美好人生的話，勢必要持續不斷地學習，方能增長個人的

智慧，也能為青少年謀求更大的福利。

　　同樣的，益志從多種角度來討論青少年所生存的環境。因此，我們可以經由其工作的對象，重新去看到學校、家庭與社會當前的困境，以及可以發揮的功能。每一個案例都反映著我們的社會不足之處，也讓我們看到青少年的需求。唯有善用這些寶貴資產，才能幫助每一個關心青少年輔導工作的人找到著力點。所以，要非常感謝益志能將他的工作經驗詳實記述，以喚起更多人參與這份工作，並持續為青少年們點燈！

國立臺灣師範大學教育心理與輔導學系教授

鄔佩麗 100.01.29

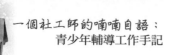

楊 序

近年來由於社會急速變遷，家庭功能逐漸式微，加上價值體系混亂，拜金、崇尚物質享受與感官刺激當道，在充滿物慾與道德混淆社會中成長之少年，極易產生各型態之犯罪行為，諸如：暴力攻擊、竊盜、參加幫派、藥物濫用、性侵害與騷擾等，均造成家庭與社會極大之傷害，亟待採行必要之防治措施，以減少負面衝擊。

《一個社工師的喃喃自語：青少年輔導工作手記》一書，作者從實際輔導觸法少年之案例中，深入探索少年之家庭與社會文化系統，協助吾人對觸法少年之形塑脈絡有深入之理解，其更從專業助人之角度，協助少年重建自尊與自信心，從而以自己之力量面對、解決問題，另亦對觸法少年之父母與重要關係人併同長期介入，專業關懷與輔導令人感動。本書雖為一位專業社工師之喃喃自語，卻是一本開啟輔導青春期叛逆與觸法少年轉變之重要著述。

作者蘇益志心理輔導員，從事少年犯罪與偏差行為者之輔導工作多年，曾任職於屏東地方法院觀護人室與高雄少年法院調查保護處，目前並擔任臺灣青少年與家庭輔導協會理事長、高雄市政府少年輔導委員會指導員等職，輔導偏差行為少年實務經驗豐富；同時師事吳就君教授，在團體輔導、家族治療、親職教育等專業領域上能援引相關學理從事適切之指引，使案主與父母等，

楊 序

啟動自我改變之洞察與契機，進而獲致良善之親子關係與人際互動，此等專業投入與悲天憫人之胸懷，值得敬重。本書無論對於少年犯罪輔導工作從業之觀護人、心理輔導員或在學校從事學生偏差行為輔導之教師，甚至輔導正值叛逆期少年而不知所措之家長，均具啟發與經驗傳承之效，值逢該書出版之際，樂為之序。

國立中正大學犯罪防治學系教授兼學務長
臺灣青少年犯罪防治研究學會理事長

楊士隆

2011/02/01 序於國立中正大學

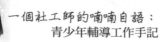

趙 序

看到生命的本質與力量

認識益志約十年之久，這段期間他一直在法院中從事青少年的輔導工作。雖然，不常與他連絡，只能偶爾在相關的會議場合中碰面；但從他的言論中，可以強烈地感受到，他是一位企圖想對自己生命負責的實務工作者，也因此，反思也就成為他生活中與工作中重要的一項功課。這是益志的第二本書，主要內容是他對自己、對青少年輔導工作的反思，像是助人工作中自己的視框──協助青少年找到自我認同；以希望與了解為助人工作的起點，並且期待內化成自己的生活信念；如何成為青少年與家庭之間的橋樑，讓彼此能夠成為生命的支持者；如何讓助人工作者更貼近民眾的生活，提供民眾可以休息、喘息、解放的空間；如何讓整體環境（包括教育與司法體制）可以支撐不同類型青少年的成長，可以了解青少年行為背後的需求。書的整體內容相當豐富，探討與分享的議題有益志本身青少年輔導工作的信念、對青少年犯罪現象的討論、對青少年家庭的討論，以及對目前青少年輔導系統的檢視。

不知其他人的想法或感受為何，可是當我沉浸在益志的文字中時，我似乎可以深刻感受到，益志想要傳達在他的助人工作經驗中好像體悟到生命的某些本質──人的恐懼、害怕、軟弱、不足；但同時，似乎也看到個體生命的力量來源──體諒、希望、互助、相信、實踐。因此，當生命的個體（包括青少年、家長、

老師、法官、助人者、社會大眾），是能接受人的軟弱、恐懼、不足時，也就可以透過彼此的體諒、希望的萌芽，以及相互的信任與合作，付出行動，為正在成長的青少年找到生命可能不同的出口。身為長期關心青少年且多年從事青少年相關研究的我，相信與肯定這是一個正確的方向。因為，專業理論與技巧，僅是助人工作的媒介與工具；要讓青少年及其家人願意改變，即是要藉由專業理論與技巧，來誘發其生命的力量。

另外，在益志的字裡行間，我也似乎感受到他在青少年輔導工作經驗中，期許自己能夠與青少年站在一起，同理青少年生命種種的情緒與心情，而能夠且願意來等待他們，使「等待」成為一種陪伴與支持。同持也呼籲身為大人的我們，不要讓青少年成為家庭衝突、不幸事件的代罪羔羊，也不要強迫青少年接受相關體制／制度無謂的壓迫。最後，希望整體的青少年輔導環境是：

　　亂的時候，有人牽著

　　苦的時候，有人聽著

　　想行動的時候，有人看著

國立屏東科技大學社會工作系教授兼系主任

趙善如 100.03.28

話頭
回首來時路

書寫這本書的歷程，我的專業認同完全清楚，我是一個從事
直接服務的社會工作師。雖然，我在研究所唸的是諮商輔
導，我去演講、授課及擔任督導時，很多人會稱呼我為「蘇心理
師」，但我的專業角色定位從未錯亂，我骨子裡流的，仍舊是社
工的血液，原因很簡單，我就是喜歡社工專業看待人的視框。

很多從事直接服務的社工在實務做久了之後，會很容易往諮
商輔導或心理治療的領域靠近，其實，這沒什麼不妥。在我來
看，「諮商」或「心理治療」本來就是公共財，縱使某個專業社
群專精它，它的服務品質也應該被保障，但並不代表著，它就應
該被少數特定族群所壟斷、獨占，這反而限縮了該專業的多元發
展。再者，哪一個學院的社工系不開諮商或心理治療相關課程
的？這意味著，社工本就應該涉獵這些專業知能，因為，面對人
群時，總會派得上用場，且助人專業間，也應該相互了解彼此的
殊勝之處，不是嗎？畢竟，他山之石，可以攻錯。

只是，值得我這個資深老社工擔心的是，不少社工老覺得自
己的專業比不上其他專業，甚至覺得，看不到社工的專業內涵何
在，於是，便貶抑自身的工作價值，老認為自己矮別人一大截。

大學剛畢業時，我心中的社工圖像很模糊，也很嚮往談談話
就可以收費的諮商優雅職涯。說真格的，就作為一個社工人來

說，若就時間、金錢與心力上的付出，我對諮商或心理治療相關專業知能的學習，可能不下於任何一個年紀與我相當的心理專業從業人員。從人本、精神分析、認知行為、TA、存在主義、現實、家庭系統，到後現代的焦點解決、敘事等治療取向，我皆透過參加工作坊或研究所課程去探討，而由於工作的對象是兒童、青少年與其家庭成員，因此，我也觸及遊戲、藝術、心理劇、家庭重塑等表達性療法的學習。

我從不諱言，上述這些學習對我的實務工作很有啟發，但對我最重要、也是影響我一生的經驗學習，是來自吳就君的團體動力和家族治療訓練。長時間地跟隨吳這個師父，再參照自身的實務經驗，讓我慢慢地對生存在其生活情境中的人了解得更為透澈。

走了一段極長的時間，我才真正能夠體會當初在社工教科書裡所看到的文字概念，只不過，對我而言，初時，那堆文字是死的，是用來考試的，它是它，而我是我；現時，它和我成了一體，這些概念皆已成為我從事助人的核心價值與動力來源。當下的我愈發相信，助人工作的起點，是一股恰如其分的愛，這份愛，讓我們關懷這個世界和生活於其中的人，並希望透過改變現狀讓未來更美好。

若從心理輔導的角度來詮釋「改變」，我會這樣界定：透過對話與互動，輔導者引導與催化當事人發生覺察，讓其回歸自身，探索、認識自己，進而產生行動的勇氣，成為其所欲的自我狀態。故輔導者需要先走過成為自己的歷程，方能給出一個「諒」與「直」的空間，讓案主在其內嘗試為自己作決定並學習承擔人生的責任。此處所謂的「諒」，指的是輔導者的體貼、包容、不批判、不貶抑當事人的關懷態度；而「直」，則係指輔導

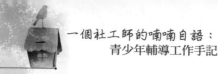

者本身的一致性狀態，藉由此一致性，可以讓當事人坦然面對自己的陰影或困頓。

也許可以這樣說，不了解人，或應該說成不深刻地去了解人，助人工作無從開始；但要了解人，就不能不去了解人所處的社會文化環境及人與環境的互動關係。唯有在對人與環境的關係有著透亮的了解和觀照後，才能產生深度的同理與接納，也才能放下本位主義的我執，與人發生有意義的連結。

是以，我益加清楚，我是帶著社工「人在情境中」（person-in-situation）的系統視框在看待眼前的當事人。縱使工作時，我經常運用諮商或心理治療的專業知能來協助兒少個案，但我總習慣把父母、老師、社工、保護官或其他能幫助案主的資源，帶進我和案主的工作場域中，而非僅聚焦在案主的個別心理層次。這樣的好處有二，一者，直接處理案主與其重要他人或支持系統的互動關係，使其因獲得外在助力而對環境有更好的適應；再者，透過社會資源間的對話與合作，降低自身的工作壓力和挑戰性，避免完全由單一專業來扛起問題解決的重擔。

去年底，我和一群志同道合的朋友成立了「臺灣青少年與家庭輔導協會」，這些來自全臺各地的朋友背景相當多元，有諮商、社工、犯罪防治、公共衛生等學系的大學教授，也有社工師／員、諮商心理師、少年保護官、主任觀護人、護理師、學校教師、心理輔導員等專業工作者，以及關注青少年議題的社會人士。約莫一年的時間下來，在 2010 年 12 月 11 日一場「青少年輔導的多元呈現」實務經驗分享活動中，竟有逾一百六十位的學員來參加，且也均認可我的理念——不同助人專業間需要對話與合作。同時，在活動中，我強調人的「經驗」是獨特的，故不應被評價為好壞、優劣，僅宜透過發問、對談被更清楚而深入地理

解，這才是一種傳達尊重的具體實踐，不是嗎？

　　最後，本書得以完成，我仍要對許許多多的人深表感激，是他／她們有形與無形的幫助和啟迪，我的第二本書方能誕生。首先，要謝的是高雄少年法院所有的工作伙伴；其次，要謝的是每一個與我有過交會的學界及實務界的朋友；第三，要謝的是我的每一位案主及其家人和共同處遇者。沒有上述眾人，我無法在實務工作中有如此豐富的學習和成長。還有，我最親愛的家人們：爸／媽、妻子、姪子及一雙兒女，雖然你們常讓我苦惱、擔心、生氣、難過，但沒有你們陪伴，我一步也動不了。

　　當然，心理出版社的敬堯兄和工作同仁，乃是本書可以付梓的最大推手，承蒙你們的不棄和辛勞，由衷感謝！此外，書中所提及的個案，其足以辨識出身分的相關基本資料皆已經過變造，以保障案主的權益與恪守保密的專業倫理原則。

蘇益志

2010.12.19 凌晨
寫于臺東鹿野筆筒樹山莊

一個社工師的喃喃自語：
　　　青少年輔導工作手記

第 *1* 話 我眼中的「助人工作」

一 案主的疑問

從事心理輔導工作逾十二年了，很多「案主」（client，其實，我更喜歡「當事人」這個稱謂，在本書中，案主與當事人是同義的）都會帶著疑惑、好奇問我：

「蘇老師，你是不是『心理醫生』？」

我則會習慣性地反問，「你怎麼會這樣問？」

林林總總，我會聽到很多不同的回饋，不過，有一種聲音是具有共通性的，就是當事人會覺得找我談話很舒服、很自在，也能幫他／她們面對挫折、困境，並形成不一樣的問題因應思考或態度。

最後，當著當事人的面，我總會用這樣的回應結束這個議題。

「的確，我的工作很像心理醫生，但我不是心理醫生，我是個學有專長的助人工作者。……如果對你而言，我是『醫生』，那我和你之間就是『醫病』關係；換句話說，你只等著我這個專業權威來治好你的『病』或解決你的問題。」

「……但在我來說，我不認為如此。我不希望你把自己當作病人或你認為我把你當病人，因為，那容易成為一種對權威的依賴、一種對生活責任的逃避。……我與你，我們之間存在的，是一種立基於相互尊重、近乎對等的『助人』關係，裡面包含著了

解、信任、支持及關懷。……即便是我在提供服務，又即便是我在幫助你，但改變或不改變是由你來決定，改變的力量在你身上，因為，你終究是自己的主人。」

 我的助人視框

　　長久以來，在我的實務工作場域中，無論是法院或社區，無論是何性別或年齡，我發現一種頗具普遍性的現象。

　　人不喜歡被視為是「有問題的」、「不好的」、「無用的」，所以，當他／她不願去面對這些負面的評價與責難時，為了保護自己的尊嚴、價值，就寧可選擇把自身的問題或困境歸因於「生病了」，甚至，很容易產生具有攻擊性或破壞性的防衛機轉。然而，這樣的過程是相當自動化的，當事人未必有所覺察，他／她是「真的」認為自己病了，再加上某些心理或行為症狀會伴隨著出現，便讓其更加信以為真。

　　更有意義的是，周遭的家人、親友也會一起來合演這齣「戲」。畢竟，容忍、照顧病人是天經地義的事，若真正要去深入探究當事人的問題核心所在，那可能是一段痛苦而不堪的歷程。

　　我本身最常碰到的例子是，當孩子的問題行為無法被解釋時，就會出現像「過動症」、「憂／躁鬱症」、「情緒／行為障礙」等精神疾患診斷，甚至還必須服用藥物來緩解症狀，可是呢？藥物的效果往往短暫而有限。

　　我從不否認要「對症下藥」，但我質疑的是，它真的是

「症」嗎？

　　即便我同意「病」的存在，但我不喜歡從「病」的角度來看待人，我深信，若人們看待人我關係或問題情境的眼光不同了，當自身感受到生存的能力與價值，許多心理症狀或問題行為往往就不藥而癒了。

　　我觀察到，我們這個社會的助人專業，往往還停留在「頭痛醫頭、腳頭醫腳」的線性邏輯思維裡，於是乎，也就常出現僅能治標而無法治本的問題解決策略。想要助「人」，就絕對不能忽略人是有能動性的，必須為自己負責任；提供給案主資源或服務，是為了幫助案主脫離無力的困境，啟動案主本身之力量以面對現實、解決問題，而不是無形中製造出一個依賴助人者或社會資源的案主。

　　在我的輔導經驗裡，許多青少年並非無能，只是在尋求認同（identity）、摸索「我是誰？」的發展階段中，需要一個夠了解、能接納他／她的人來陪伴、引導之，讓他／她看見自己的能力，助他／她有勇氣迎接未來的生涯挑戰。

我的專業認同

　　我的專業認同很清楚，我就是個帶著「系統」與「動力」視框從事人群服務的社會工作師（social worker），而在助人的過程中，我觀照著人們因生理或心理需求的驅動（drives）所產生的情感與行為狀態。亦即，人們為了活下去，必然要滿足自身求生存的需要（needs），如飽食、安居、穿暖、性等基本生理需

求，以及如安全感、親密感、價值感（自尊）、權力、玩樂及自我實現等心理需求。在潛意識中，人們會出現一種促使某種行為或行為模式產生的力量，這股力量便是所謂的「心理動力」（psychodynamics）。

至於系統觀點，強調的是人和所處環境間的互動關係。換言之，環境對人有絕對的影響性，而人也可發揮對環境的影響力。生存環境中的系統，小至家人、伴侶、親友、學校的微視系統（microsystem），大至社會文化、政治經濟、教育制度、大眾傳播媒體的鉅視系統（macrosystem），會在有形無形之中產生錯綜複雜、環環相扣的交互作用，進而透過最直接的人際互動影響著個體。因此，從事助人工作時，若把人獨立於環境脈絡之外來看待，忽略系統與人之間的互動性，基本上並沒有太大意義，尤其當工作對象是兒童與青少年時，情況更是如此。

人是藉由與社會環境的連結來完滿自身存在的，故人在成長過程中尋求生理、心理需要的滿足時，泰半得要重要他人（特別是家人）的照護與扶持。也就在這樣的人際互動歷程裡，人既被動也主動地形塑出自己的性格、溝通型態、生活習慣、內在信念及情緒模式等，是以，個人內在動力勢必受到複雜的環境因子與系統力量的牽引。助人者在面對案主時，不僅要發掘個人本身潛在的力量，亦要敏感到外在系統對個人的作用；很多時候，要改變的不只是個人，也要涵蓋個人所在的系統，以及個人與系統間的互動關係。

四　助人工作的本質

　　若就現行的專業證照制度來說，「心理醫生」應是泛指可開藥的精神科醫師，及不可開藥的臨床心理師和諮商心理師。

　　我還是最習慣以「助人工作者」自居，理由是，它直接、中性，亦沒有太多的政治角力或權力色彩。

　　目前現行的助人專業證照，都僅是工作者之專業能力的基本認證，亦即是一種專業資格的認可，而非專業能力的絕對保障。因此，「證照」是個起點，而非終點。

　　畢竟，用筆寫出來的考卷能測得出學術殿堂中的專業知識，但卻一定測不出實務場域中的人際互動能力。

　　我常想，也這麼認為，專業證照的存在，是為了確保案主的受助權益，而求助者所關心和在乎的，乃是可否碰到一個真正有熱忱、有能力幫他／她的人。故助人工作的價值和精神，不繫存於建構一座富麗堂皇的專業空中樓閣，而是必須紮實地寄命在充塞七情六慾的人世間。

一個社工師的喃喃自語：
青少年輔導工作手記

第2話 助人關係的起點：
希望與了解

 會晤案主前的準備：放空

　　早上，大約是九點鐘左右，一面寫著個案紀錄，一面則想著今天必須完成的重點工作。

　　驀然間，少年保護官來了一通電話，說日前剛交付心理輔導的個案小海（化名）今天來法院報到，希望我和他談談並約定正式晤談時間。

　　其實，直到此刻，我都還不清楚和這個個案的工作目標何在，即便保護官已事先告知他的期待。不過，長久以來的經驗累積，讓我養成一種工作態度（甚至，說是「信念」可能更為貼切），就是儘量不帶著預設立場進入到晤談關係中，特別是帶有價值判斷色彩的預設立場。因為有了既定立場，就容易產生偏見與標籤效應，進而引發具質疑、攻擊或否定的無名情緒；也因此，在助人的過程中，工作者要不斷地覺察、檢核自身的態度、信念或價值觀對案主所造成的影響為何。

　　現在，即便是初次見面的個案，我也只注意其基本的背景資料，而不太去看其他工作者給的專業「分析」或「診斷」。這並非意味著，我認為別人給的分析或診斷是錯的，抑或是不可靠的；只是作為一個即將與案主會晤的工作者，我想讓自己處在一種「放空」的狀態，亦即，放下任何的既定立場，嘗試打開自身的感知系統，去接近來談的這個人，讓自己有機會較深刻、完整

地去了解、連結正在說話的這個「人」。

初見小海

　　不一會兒，保護官帶著小海來到晤談室。打了個禮貌性的招呼後，保護官便自行離去。

　　晤談室內一下子靜了下來。我打破沉默，習慣性地先進行自我介紹。

　　眼前的小海，二十出頭的男子，魁梧壯碩的身材，雙眼明亮黝黑，有著性格演員般的長相，但看起來有些緊張，這是我對他的第一眼打量。

　　我問小海，知不知道為什麼要來找我這個輔導員說話。小海誠實地搖搖頭，於是我試著把自己的角色功能、任務，以及保護官的期待用很淺白的語言告訴小海。對小海來說，他並非自願來談，因此，讓案主清楚自己為什麼要與輔導員碰面，儘量讓其知道自身的權利義務與晤談的進行方式，有助於減低案主初次來談時的焦慮感和抗拒態度。再者，對我來說，我一向不喜歡把專業蒙上一層神祕的面紗，搞得案主覺得工作者好像很高深莫測。我希望透過彼此間訊息的清楚傳遞，讓案主知悉輔導員在做什麼，甚至，為什麼這麼做。

　　用了幾個問題，藉由簡短訊息的交換，我嘗試著與小海連接。

　　除了語言，我也透過語氣、眼神和肢體碰觸，促使小海能夠放鬆下來，並接收到我的善意和關心。說真的，我相當在意個案

對我的第一印象，因為這是輔導工作能否順利開展的起始點。

 了解與接納帶來信任

　　由於小海的身分是不久前才假釋出獄的更生人，除了仔細地了解他在生活上面臨的困境與壓力外，我亦誠摯地問他，目前對他最重要的是不是找工作，並且同理社會大眾容易對更生人貼標籤，導致其找工作的困難。小海則用點頭來回應我的問題。

　　無意中，我覺察到小海眼中閃過一抹柔和，似乎，他接收到了我的善意和接納。稍後，他神情愉悅地表示，透過朋友的幫忙介紹，工作已經有著落了。

　　我打從心底替他高興，說道：「真是太好了！這是你新生活開始的第一步，……不過，我有些擔心，來法院晤談的時間和頻率會不會影響到你的工作？……如果時間上有問題，你可以提出來討論，我可以在我能力所及的範圍內配合你的來談時間？」

　　的確，更生人想要求職，是有一定難度的，而許多更生人常因謀生不易，又走上回頭路，再度犯罪鋃鐺入獄；所以，我珍惜小海的這份得來不易。我認為，助人者要產生深刻的同理，不僅僅是要感同身受於案主的內在狀態（包括情緒、感覺、想法、感受等），更是要了解案主所處的社會文化脈絡和時空背景對其發生的作用；換句話說，既要了解人，也要了解「人在情境中」。

　　言談中，我突然從小海溫和的目光中讀到「感謝」兩個字，而那眼神似乎同時也說明，他已感受到我的體貼及設身處地。

　　晤談結束前，小海主動地向我索取電話號碼，並表示他在工

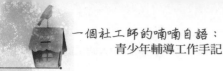

作時間確定後會再與我聯繫。我拍了拍他那厚實的肩膀，給予他我的肯定和祝福。

在他轉身離去的背影中，我看到了一個人想要改變的勇氣和希望。

很直覺地，這短短不到一小時的交會過程告訴我，一段有意義之助人關係又已起了個頭，或許路面顛簸不太好走，但我有信心陪小海走這段茫茫未知的改變之路。

 ## 四　看見改變的契機：希望

陪伴小海一年多，維持平均每月一至二次的談話頻率，小海總是能依約前來，與我聊著他的生活經驗、心情點滴，也讓我學到了許多我不懂的事，故我曾數度當面表達對小海的欣賞。

某日，保護官告知我，小海的保護管束處分即將期滿，這也意味著，我們的輔導關係就要劃下句點。我徵詢保護官，小海近來的狀況如何，保護官表示，無論在工作或行為表現上，小海都還滿穩定的。我則回饋保護官，小海最令人放心之處在於其說到做到的行動力，比如說，承諾不換工作就沒換過老闆，想考駕照就努力考上，也完成了用分期付款買機車的約定。在我倆這段工作歷程中，小海不斷地用行動來訴說，他有心，也已經在改變。

離去前，保護官留下一句「小海很相信你……他說，你讓他更會『想』。」帶著愉悅心情，思索著保護官的贈語，我反問自己，到底幫了小海什麼。很有意思的是，腦海中首先浮現的是「希望」二字。

　　就我而言，希望是助人工作的起始，是一種喚起人願意改變、支撐人持續改變的正向力量。因此，在晤談中，我習慣引領案主看見希望，看見改變是可能的。一旦陷落沒有希望的感覺裡，無論助人者或案主都很難動起來。只是，「看見希望」並非一句刻意的口號，而是一種被助人者內化了的信念與態度。作為一種涵養生命的力量，時刻心存希望，讓助人者能夠發現案主的能力、優勢，進而促動案主相信、肯定自己，並願意為改變付出努力。

第 **3** 話 尋思青少年輔導工作中的改變能量：
希望感、信任感、現實感、能力感、價值感

 我對「改變」的詮釋

　　心理輔導是一種希望促使人因改變而能生活得更美好的工作，它憑藉語言、語言搭配行動、語言搭配媒介物，抑或是三者皆備的介入型態，引導人向內心探索，逐漸地明白自身的感覺、情緒、情感、想法及行為模式因何而來，並藉由放下是非對錯的價值判斷，接納自己的感受，轉變自己的念頭，進而付諸實際的行動去改善自身與環境的關係，以期最終能獲致和諧、快樂的生活狀態。

　　再者，心理輔導所希冀獲致的改變，是一種自發性的改變，也就是說，在輔導者的陪伴與引導下，當事人開始意識到「改變是必須的」、「改變是可能的」，並逐步累積冒險的勇氣，準備拋開舊的視框、習慣，願意學習用新的眼光、作為來面對周遭世界。案主願意走這樣的歷程，是發自於內心所做的決定，基於本身的主動和能動，而非受外在力量的脅迫或權控；縱使輔導剛開始時，案主是非自願的或被強制來談的，但最後的改變與否仍須取決於案主的主觀意願。畢竟，改變若欠缺自發性，改變的效果也就難以持續。

　　不過，改變真的是一件困難的事。首先，人們習慣用老把式來待人接物，Satir 管它叫「生存姿態」。生存姿態是從原生家庭的生活經驗中學習而來，Satir 依其臨床觀察，將之分類為一

致性的溝通，不一致性溝通的討好、指責、超理智及打岔等五型。縱使不一致性溝通所帶來的人際互動結果是糟糕的、不舒服的，但人們也習以為常，因為安全嘛！換言之，不一致性的生存姿態是人們用來保護自我價值感的防衛機制，幫助人們不必去面對心中的痛苦、憤怒或害怕，即便代價是必須否認或扭曲現實。

其次，真正的改變必定蘊含了認知、情感及行為的改變。換言之，改變是需要人身上的認知、情感及行為等三個層面共同作用才會發生的，或許變化的順序不定，但三者卻缺一不可。而此三者對改變的重要性為何呢？情感，是人類生存能量的重要泉源，人在情感層面中的感覺、情緒、期待、渴望及需求有否被了解、接納與關照，成為人們是否能擁有存在價值的基礎，亦是影響人們能否產生改變意願的重要動力；情感若要發生變化，意味著人要能開始覺察、接納自己的內在狀態。許多放不下的憤怒或怨懟，往往象徵著人對自己的否定與不諒解。而在認知層面裡的想法、態度、信念及價值觀，則是人們生存於世的行為準則，認知層面的因子不變，行為要改無異是鏡花水月。最後，空有改變的意願和想法，卻缺乏實際的作為，改變依然只是口號！唯有行動能夠帶來力量，藉由具體的實踐，方能讓人跳脫出消極的無力狀態，並肯定、認同自我的存在。

 尋覓與統整：覺解青少年輔導工作中的改變能量

深覺與青少年工作是相當有意思且充滿挑戰性的，十餘年來，在從事青少年輔導工作的過程中，漸漸地，我從實務經驗裡

摸索出可能促發青少年案主改變的幾個重要力量，它們分別是：希望感、信任感、現實感、能力感、價值感。我常用這幾個指標來檢核自己的助人工作是否能帶給案主正向的能量與帶來改變。

希望感

在我與個案的工作歷程中，不時地透過肯定、鼓勵個案，使其產生正向的思考、感受和具體的行為改變，乃是相當重要的步驟。讓個案意識到自己在認知、情感與行為上能一點一滴地有所不同，就會讓其對改變抱持希望，並願意一步步往下走。通常，案主欠缺改變的意願或動機，是因為缺乏成功的經驗和自信，在害怕失敗與外在評價的狀態下裹足不前。故輔導者的肯定與鼓勵，會護持著案主的自我價值感，同時，也會帶給案主嘗試的勇氣。縱使案主因習慣或害怕又退回原點，但輔導者不評價、不指責與正向回饋的態度，還是有助於案主產生「再試試看」的想法。

「希望」是助人工作的起點，也是最重要的基礎。我見過一些認定「輔導無效」的輔導工作者，工作起來也不怎麼開心如意，我想，這些工作者在剛入行時都充滿著助人的熱忱與憧憬，大概是經歷過多的挫敗，在習得無助後，開始質疑、否定起自己的專業，並受困在對輔導工作不切實際的期待中。對我而言，自身不抱希望的輔導工作者，由於無力將改變的能量注入輔導過程中，便很難有成功的可能；這是因為，「身教重於言教」的道理一樣適用在輔導關係中。我們不可能給予案主我們自身所沒有的東西，特別是透過自我覺察、接納，繼而發生心理轉化的生命經驗，這也是單憑說教、講道理不會有太大效果的原因。

作為助人工作的一環，心理輔導是一種需要工作者保有熱忱的專業服務。若要維持工作熱忱的不消退，首先，輔導者要能體驗到自己與當事人間的正向互動，繼而確認自己的服務是有效果的。另外，輔導者必須堅信改變是可能發生的，或許它所需的時間較為漫長，又或許，已開始變化的當事人又故態復萌地走回老路子，但輔導者並不因一時的挫折便心灰意冷，放棄促發當事人改變的歷程。相反地，輔導者始終抱持著希望，相信人性擁有向上趨善的動能。是以，「希望感」為輔導工作帶來行動的能量，它不是一種口號，而是在輔導者經驗過心理轉化的歷程後，基於對人性和改變的了解，願意打從心底陪伴、引導及等待當事人產生為自己負責的意願與主動性。

信任感

如果說，希望是輔導工作這棵大樹的根，那麼輔導者與案主間的信任關係，便為這棵樹的主要莖幹。慢慢地，我意識到，輔導雙方能否建立起信任關係，關鍵在於輔導者本身是否相信當事人具有改變的自發性。何謂「自發」？其係指當事人在探索、了解自己和環境的關係後，願意主動做出某些選擇，並為自己的選擇採取實際的行動，而非被動地順從環境壓力或權威指示。弔詭的是，如果輔導者自己並未走過自發的歷程，縱使其在理智上也認同自發對改變的重要性，但骨子裡卻很難相信人們有自發的可能。

要在輔導關係中贏得青少年案主的信任，實在不是一件簡單的事。因為青少年案主會與輔導者碰面，多半經由外在權威（如父母、家族長輩、師長、社政及司法人員等）的求助或轉介，由

於青少年與外在權威間的互動往往充滿猜疑、矛盾與敵意，故連帶地，對於來找輔導者晤談，也就興趣缺缺、故作冷漠及防衛。在面臨此信任關係建立的困境時，輔導者保有自身的一致性是重要的，亦即，輔導者誠實地面對自己的內在感受，認清自己的角色功能，不討好也不指責案主，用尊重、接納、專注與同理的態度與案主連結，用幽默、誠懇的反應來緩和緊張的晤談氣氛；同時，輔導者也能堅定自己的界限和原則，不接受案主的無理要求與挑釁。如此，案主會逐漸感應到輔導者所營造出之安全、溫暖及支持的氛圍，並察覺到輔導者與周遭的外在權威有所不同，便會慢慢放下心防、開放自己，選擇在晤談中信任輔導者。

　　輔導者與青少年個案由於年紀、性別、學／經歷、生存環境的差異，往往像是生活在兩個不同世界的人，且擁有相當差距的思考方式、情緒反應、價值觀與生活型態。為了拉近與案主的距離，輔導者在晤談之初會需要運用些策略，讓案主覺得我們並不遙遠。例如，我會採用「投其所好」的方式，同青少年聊網路遊戲、指甲彩繪、刺青、偶像八卦、星座運勢、廟會陣頭文化等話題，待案主不覺得談話太沉悶後，再逐步地探詢有關案主切身的訊息。另外，要讓青少年個案願意靠近你，輔導者最好保有一顆「玩」心，用好奇、探索、放下身段、捨棄輸贏的心情接觸青少年，這會為你在工作過程中帶來彈性與自在、創意與樂趣。

　　有個輔導原則是鐵定不變的，當案主愈信任你，他／她願意開放內在狀態的程度也就愈深，同時，也會愈在乎你對他／她的看法，無形中，輔導者對案主的影響力也就更擴大了。

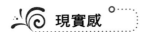 **現實感**

　　青少年的想法和行動常常被負面情緒拉著走，所以，很容易

因一時衝動、迷惑而做出令自己後悔或無法承擔後果的抉擇。為了讓青少年能恢復理性判斷，避免為反對而反對，看清自己處在什麼樣的位置後再做決定，輔導者必須增強個案的現實感。所謂的「現實感」，係指案主能意識到外在社會環境的助力與限制，並能正確地覺知到外界情境中的人事物如何影響自己、自己又是如何做出反應，以及反應後所可能必須面對的結果。

　　我所工作的對象絕大部分是觸法少年，這些因犯罪或虞犯行為進到司法體系中的孩子，往往是最欠缺現實感的一群，更何況，欠缺現實感也意味著缺乏責任心。我察覺到，這群盲目焦躁的孩子背後，經常有一個缺少明確管教原則及規範架構的家庭環境。很多時候，他／她們被過度地滿足、寵溺，而更多的時候，則被嚴格地管控、壓制，在如此不一致的對待下，這群進出法院的青少年變得高度自我中心，少有角色取代能力，潛意識裡欲藉由衝撞外在權威來確認自身的自主性，很容易掉入「爭權」（power struggle）的關係困境；卻又在面對問題時傾向倚賴權威，毫無責任意識。

　　好的輔導者猶如好的親職教養者，除了傳達愛與關懷，也要堅守規則與限制，愛與關懷帶給孩子自尊與自信，而規則與限制則讓孩子學習自制與負責。我遇過許多青少年個案會習慣性地試探或挑戰輔導者的界限，使用的方式包括：遲到、無故缺席、借錢、要求縮短晤談時間、索取行動電話號碼、探詢隱私等。假使，輔導者認為順應個案的要求將有利於良好關係的建立，那便得不償失了！此無異於告訴案主，輔導者是另一個無法設限的父母，案主又可以繼續依然故我、不負責任。

　　當案主無論有意或無意地數度逾越輔導關係界限時，輔導者一來須覺察案主的意圖，也須適時地點出事實，針對具體事例進

行討論，以協助案主清楚自身的內在心境；再來，輔導者須用溫和而堅定的態度對案主說「不」或要求案主遵守約定，同時，亦可再度說明、澄清輔導雙方彼此的角色定位、權利義務及輔導的基本架構等重要議題，藉此教育的過程讓案主了解輔導資源的有限與珍貴，將有助於加強案主的現實感，並提升其為問題解決或改變負責的意願。

能力感

　　在青少年輔導工作中，我認為非常重要的一個步驟，就是要促發青少年有所行動。然而，此處的「行動」，並非基於一時衝動或氣憤任性而為；也非屈從外在強制性的權威力量敷衍為之，草草交差了事；乃是案主在了解自己、認清外在情境後，願意運用理性判斷解決困難、改變自我的過程，這其中包括案主的決心、堅持和忍受挫折的意願。

　　許多青少年在晤談室裡，很會談願景、談理想、談計畫，有些只是憑空想像，完全欠缺現實感；有些則是已有較具體的實施步驟，卻光說不練，始終停留在想與談的階段，絲毫沒有實行的幹勁。無論何者，皆意味著，青少年個案尚缺少信心去面對現實與尋求問題解決的途徑。我的經驗告訴我，唯有透過行動，案主方可感受到自己的力量，也才能逐步累積自信和勇氣，克服對未知的莫名恐懼，進而在一次次的行動中賦予自身能力感。

　　行動的結果，有時是令人沮喪、受傷的，但輔導關係的存在，就是為了給予案主支持和鼓勵，使案主願意再度或多次嘗試，以至獲取正向的成功經驗，改善其對自我的觀感。在輔導過程中，我經常促使案主先發生一些具體的小改變，讓其察覺到自

己的能力，並相信改變是可能的，如此，案主就會願意承擔更大的挑戰和責任。例如，若發覺少年有就業動機，我會陪著他／她翻閱報紙的求職欄，與之討論合適的工作機會，然後邀請其當場去電詢問相關工作資訊。少年常常不知道要問對方些什麼，我會採用角色扮演方式引導其作對話練習。若少年覺得這個工作可以接受，再協助其撰寫履歷表去應徵。這些步驟看來簡單，但若沒有輔導者這一推，很多少年是走不出第一步的。

當我還是新手的時候，經常把輔導目標訂得很抽象且遙不可及，實際做起輔導時，也就常兵敗如山倒。後來，我慢慢體會到，改變絕非一蹴可及，它必須是一種踏踏實實的力量展現，所謂「千里之行，始於足下」、「時時勤拂拭，莫使惹塵埃」正是這個道理。特別是與青少年工作，陪伴、等待及適時地推動、挑戰乃是很重要的。再者，青少年往往已有自己的想法、見解，故藉由雙向討論讓少年參與其中，繼而產生不同面向的思考、態度與價值觀，其效果常比用傳統的單向教育方式容易讓少年接收。此是因為少年會覺得有掌控感，有能力自己做出決定。

價值感

工作多年以後，我確信，人們自我價值感（或稱「自尊」）的高低，乃是影響其所思所感、所作所為的重要關鍵。自我價值感低者，很難在人際互動中與他人劃出界限，故無法孕育出個別性與自主性。他／她們敏感、在乎來自外界的評價或世俗成就，並依賴此種外在表象來建構自尊、獲取自信，於是很容易陷入一種盲目追逐、卻不知道自己真正要什麼的匱乏狀態。我見過許多少年個案，很會交男／女朋友，也很會汰換男／女朋友，而我總

是試著讓他／她們意識到，即便情史再豐富，大概也找不到一個真正喜歡的人。因為，他／她們理想中的另一半，係從其內在渴望或期待所投射出來的「Mr.／Miss Right」。

人們的自我價值感是源自於原生家庭的成長經驗，特別是與父母的基本三角關係。稚齡的孩子一旦感受不到父母的愛，甚至覺得自己被排拒、拉扯，被當成像工具般利用的存在，其在自我的發展上，便無法認同自己、信任他人。長期受困在未能與父母分化的親子關係中，孩子逐漸地形成低的自我評價與不一致的生存姿態，並在人際關係中時常經驗到挫折、沮喪與無力。

若問我，從事青少年輔導工作最重要的步驟是什麼？我會毫不遲疑地回答，是創造出一個安全、信任及自在的晤談氣氛，或可稱之為具「滋潤性」的晤談氣氛。在如此的氛圍中，由於輔導者展現出專注傾聽、深刻同理、尊重差異、接納獨特與幽默創意等態度，無形中增長了案主的正向自我價值。因此，案主變得平靜、柔軟，且基於高度信任，願意在晤談中開放、分享自己的真實感覺，也願意放下防衛，面對擔心、害怕，嘗試溝通和冒險。誠如 Virginia Satir 所言，人除非感到自己有價值，否則改變無由發生。

 ## 結語：在人味的互動中，態度永遠比技巧重要

從希望、信任、現實、能力到自我價值，這五種成長性的改變能量，均不是單憑晤談技巧可獲得的，換言之，過於強調技術層面與問題解決導向的輔導者，能夠促發當事人產生自發性改變

的可能相當有限。當然，在青少年的輔導工作裡，我從不奢望來談的案主能夠變化為心理完全成熟的個體，畢竟，成熟需要時間，且也與年紀、生活經驗及人生閱歷的多寡有關。我總將我這個輔導者的功能，界定在幫助青少年覺察自身的內在狀態，意識到問題行為成因及其可能的後果，並促使其在情緒穩定之下運用理性思考，願意為自己的言行負責任。不過，光是如此，工作的難度也就甚高。

對我來說，青少年輔導工作也是一種人性的教育歷程。在輔導情境中，輔導者要「以一個『人』的樣態出現」（presence-as-a-person），同時，也要讓案主感受到「人味」（humanness），亦即，案主覺得自己被視為一個獨特的人，而非被當成問題、麻煩或失能者來對待。其次，輔導者要透過了解和溝通，促使案主對自身行為背後的意義有所洞察（insight），繼而讓案主相信改變是可能的，並為人性意識（sense of being）的存在與人類潛能的發揮進行示範。我在 Virginia Satir 和師父吳就君身上，最能感通到這股人味。輔導者若要有人味，自身必須體驗過覺察、探索、接受、肯定自己的一致性歷程。

功利主義社會講究效率、速成及節省成本，導致很多助人者希冀在短期間內有所成，一嘗發揮助人功效的甜美果實，故在專業學習上完全是工具性的。這就好比把專業知能當成一把鐵鎚，要趕快拿到手上，以方便去敲案主問題這根釘子。殊不知，圖一時之便利，想將助人歷程化約成操作機器的使用說明，讓學習者一個步驟一個步驟地有所依循，就往往容易忽略掉助人者本身人味的孕育。技巧技術層次的學習不難，但人味的修行，卻需長年生命經驗的累積，藉由深刻地接觸、再認識自己方能獲致。

第4話 走進自我的內在冰山：
我在家族治療與家庭重塑課程中的經驗學習

一 群聚

　　橫跨了大半年，為期七十二小時的家族治療基礎訓練課程已進入尾聲，僅剩下兩天的時光裡，愈見大家格外地認真和珍惜。這是多麼奇妙的機緣！讓我們這群來自臺灣各地的朋友能夠聚首在臺北，碰撞出燦爛的學習火花。本以為我這個來自高雄的異鄉客應該是最遠距的了，沒想到還有從馬來西亞遠道而來的異國學習者馮，這份不辭舟車勞頓的精神，著實令人感佩！而大伙兒跟隨著吳就君和王行半摸索地走著這第一次帶有實驗性質的訓練課程，縱然對下一步課堂要怎麼走常常是未知的，但我的心中卻始終踏實。這份踏實的感受除了是來自對兩位老師的信任，也是來自對我們這個學習團體的開放氛圍充滿肯定。

　　從大學時代開始，我就對家族治療和家庭動力（family dynamics）課程有著高度興趣，原因無它，只是緣於想探索自己的原生家庭脈絡，還有，我如何在家的影響下成為今天的我。大學畢業後，還記得 2000 年 2 月間第一次參加吳就君在高雄張老師開設的「家族治療工作坊」（為期二天十四小時），膽怯的我羞於在家庭重塑的劇場中演出任何角色，但卻因震撼於主角內心的苦和對父母的憤怒，而獨自在角落拭去眼角的淚。後來想想，眼淚也非僅為了主角而流，乃為自己內在情感的投射，對家，自己不也充滿著交織的愛與怨、憐與痛？工作坊結束前的休息時

間，我鼓起勇氣向吳老師攀談，記憶中，吳沒說什麼話，只是專注地聆聽我的敘述。我娓娓道出了當下的生命困惑，並試探性地問她「我是否適合從事助人工作？」有意思的是，吳就君沒有給我任何確切的答案，只留下一句「你有顆『柔軟』的心。」也就是這句話，讓我跟隨吳就君開展了團體動力和家族治療的學習，一路摸索地走到了今天。

自我挑戰：扮演「治療師」

今天上午的家族治療訓練課程，是要進行模擬伴侶治療的實務演練。在一段時日的學習醞釀後，我也想看看自己是否有所成長，於是便自告奮勇地挑戰「治療師」這個角色。而遭遇的來談者是一雙對是否步入婚姻產生歧見的男女朋友，求助的男方想儘快結婚，然而女方卻十分遲疑。

角色扮演從男性當事人來電求助治療師開始，當事人提出很多對治療性談話的問題和疑慮，例如，是否一定要男女雙方共同前來談話、談話的費用、次數與時間等。透過這樣的電話接案過程，治療師也可進行初步的關係建立及讓當事人對治療有一幅較清楚的圖像，以穩定當事人求助時因面對未知人、事而有的焦慮不安感。

伴侶雙方進入晤談室後，我刻意地放慢自己的談話速度，並讓自己專注於當事人的談話內容和狀態。「慢」和「穩」，對現階段從事助人工作的我而言是重要的。「慢」，讓我在面對個案時能夠覺察自己的內在狀態和彼此間的關係型態；「穩」，則是

有利於自我的放鬆。先前的我很容易因求「快」而隨著當事人的訊息起舞，使自己成了幫個案解決問題的工具，以致迷失在關係動力的漩渦中，空耗了許多的能量。

　　隨著談話時間的累積，我的確看到了這對男女朋友在情感互動上的拉扯。男方急著想藉由結婚來確定兩人間的感情，但女方則因感受不到男友的愛而遲疑、猶豫，甚至起了分手的念頭。而男方愈急著要解釋、證明自己對女友的愛，女方就愈不安、反彈，好似兒時在玩官兵捉強盜的遊戲，你追得愈兇，我就逃得愈急。三人的互動過程中，我試著用提問來釐清問題之真正所在，也不斷地提醒自己必須跳脫出可能和任一方形成結盟卻造成另一方反感、防衛的陷阱。約莫半個鐘頭下來，我發現自己無法和當事人的內在狀態有所連接，所形成的治療關係也很表淺，且談話內容始終在結不結婚所衍生出的情感議題上繞圈圈，故晤談氣氛很壓抑。由於治療師並未適時引導當事人表露出內心真實的情感狀態，致使男女雙方間的情緒張力升高，到頭來，更讓治療師本身成了伴侶兩人共同的情緒能量出口，也就是三人系統中的代罪羔羊。然我不僅無可突破此問題困境，更深覺自我內在有一股束手無策的無能感和罪咎感油然生起。

來自學習伙伴的回饋

　　針對這次的演練，除了伴侶雙方對各自內在狀態的表述外，其他在旁觀察的學員也給了很多有意義的回饋。對我來說，這些來自「第三隻眼」的中肯回應都是十分豐富的學習材料，正可幫

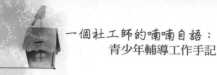

助我覺察出自己在從事實務工作時的盲點。王行老師更用了雕塑的手法，生動而具體地呈現出治療師和伴侶之間糾纏不清的關係動力。

透過雕塑，我看到了，男伴採用低姿態（討好、說理）拉住女伴的手，祈求女友的善意回應，而另一隻手則想拉著治療師，期待與治療師結盟來勸服女友。女伴雖背對男友，卻與男伴維持著牽手的姿勢，並以些微角度的回頭來象徵對彼此情感隸屬的依戀。治療師呢？作出了一把要將一對有情人推開的姿態，並讓男女雙方皆產生「我為什麼要來找這個治療師！」的憤怒情緒。治療師功能與力道的適得其反，弔詭地出乎我意料之外，卻又那麼真實地發生。

這時王行問我，「你看到這幅雕塑出的圖像，心中的感覺是什麼？」

我怔住了！突然間說不話來，心裡很亂、很亂，直想著「為什麼會是這樣？」「為什麼會是這樣？」

就在猶疑的當口，吳就君老師不疾不徐地走近我身邊來，問道，「你最初開始和當事人談話的感覺是什麼？」

老師的語調雖然平和，但這個問句就像一聲驚雷，讓我沉澱下來去尋找自己的真實感受。

「我很茫然！」

「是了，我也感受到你這股茫然，……剛開始時，我也看不清這對伴侶所要表達的是什麼，……那對於這股茫然，你底下的感覺又是什麼？」吳老師又推了我往前跨一步。

「這股茫然的底下……我很『害怕』！」

「喔！是害怕，那這個害怕又是從哪兒來？」

霎時間，我又停住了。是的，這股害怕到底是從哪兒來？我

心中滿是一片問號。

　　吳老師輕輕地拍了拍沉浸在當下感受中的我，說道，「不急，再試著走走看！」

　　我能領會到吳老師應是要我嘗試著走一趟自己內在的冰山之旅，透過這一步步接觸深層自我的歷程，好將那股茫然、害怕的感覺能量轉化成助人者可運用的內在資源。

　　接續著，吳老師對在場的大伙兒表示，走動力取向的治療師，要勤於覺察自我的內在狀態，治療師本身的感／直覺，往往是引導治療前進的重要指標。一旦不去面對、覺察自己在晤談中的真實感受，治療師的能量就容易因卡住或受限而發揮不出來。的確，在適才的演練裡，我雖未達讓這對伴侶拖著跑的程度，卻也已受困在彼此奇特的關係動力裡無法自拔。

四　與內在自我對話

　　接下來的兩天裡，我不停反覆地咀嚼、探索這股令我心生「茫然」的「害怕」之感，究竟是來自內心深處的哪個部分。而在這段與內在自我工作的時間裡，我發現，無論是走路時、吃飯時或入睡前，自己時常陷入一種專注於內，而對外界事物無所聞見的獨處狀態——我稱之為「靜」「沉」之境。

　　也就是如此地心無旁騖，我才能一步步地深入自己內在這座平時不太願意去觸碰的冰山。在扮演治療師角色的時刻，我似乎發覺自己不能允許這股害怕的存在，進而有意無意地去壓抑、漠視它，希望自己在眾人的目光下看起來能自在些。只是，在這個

不允許的狀態下，同時也有著我生氣的情緒——是對自己生氣，也是對自己無法控制住治療場面生氣，更是對自己無法表現完美而生氣。是的，這份覺察讓我看見了，我的成長過程一路走來，心底不時有陣陣聲音對自己說，「我必須出色」、「我不能犯錯」、「我要讓大家都肯定我」……。

對我而言，扮演治療師乃是全場目光的焦點，因此，那些要求自己完美、不犯錯的內在語言，在暗地裡起了無形的作用。我下意識地要求自己，在兩位老師和眾學員的注視下，必須很優雅、從容地把來談者的問題擺平，我不能允許自己忙、亂和手足無措，因為要證明自己在專業表現上的稱職。於是乎，我不一致了！內在的我茫然、害怕、生氣、焦慮，但外在表象卻要故作輕鬆、指揮若定；也由於不願去面對內在的真實感覺，我察覺到自己的能量在空轉、耗損，是以，總是和這一對伴侶在原地繞著表面問題轉圈圈，而無法與其產生較深刻關係之「人」的連接，亦令當事人產生一股來自「專家」形象的壓迫感，導致對治療師有所抗拒。

原生家庭的探索之旅

長久以來，我背負著求好、求圓滿、儘量不能出錯的生存規則，這些規則成了我做人處世、安身立命的磐石，從戮力遵守並達成這些規則的過程，我為自己贏得了掌聲、肯定以及成就價值。但這些隱藏在內心深處的規則也壓得我好重、好辛苦，它們讓我在扮演各種生活角色時，總選擇把責任一肩扛，而經常哀怨

地落入「悲劇英雄」的境遇！有時，多少會意識到肩上的這份沉重，就刻意選擇用逃避成為團體焦點的方式來防備、保護自己。

　　細細地思量、回溯這些生存規則的來處，我知道我必須要「回家」一趟，吳老師說「家是造人的工廠」，我想，那裡該有我要的答案！意念至此，我的意識就自然而然地再度飄返到數月前擔任吳老師家庭重塑主角的學習場景。

　　當時……

　　運用 Satir 的雕塑手法，吳老師陪伴、引領著我將原生家庭的系統動力具象化地呈現，也讓我試著去進入每個家人的內心世界，去了解他們看待這個人間的方式，去體驗是在那樣的生活背景和成長脈絡下，為了因應外在的人際情境以求生存，我的父母、兄長形成了各自獨特的生存姿態與情感反應模式。

　　我用感覺挑選出了幾位神似於家庭成員的工作坊伙伴（包括我的替身）。回憶著一幕幕的兒時記憶，我撥弄、擺動著伙伴們的肢體動作，也藉以和家人的內在情感連接，心情有些激動、複雜。

　　透過這些伙伴的肢體呈現，我看到了，父親一隻手有力地搭在母親肩頭，緊緊地守護著她，意味著數十年來的情愛、承諾和責任，而另一隻手則配合著母親的指責手勢，機槍式地掃射到我兩個兄長身上。望子成龍的母親，心中滿是對孩子的關心、擔憂及期待，卻常習慣性地用責備、叨唸的方式管教下一代，高高在上的指責姿態讓孩子們喘不過氣來。大哥蹲跪在地上，和父母保持一些距離，卑微地屈著身子，一手祈求父母的關愛眼神，另隻手卻在背後氣憤地控訴父母的威權。為了平和家裡緊繃的氣氛，二哥的動作是扭曲著身體、跌跌撞撞地在父母和大哥之間穿過來跑過去，用闖禍、成為家中麻煩製造機的打岔型態，來吸引父母

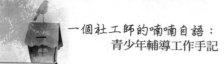

的目光，但最終失去了自我，也使自己的能量四散無法聚焦。至於我，柔順地蹲跪在父母的腳旁，雙手抬高討好著父母，眼睛則是不時地觀察兩個哥哥，偶爾也附和一下父母對兩個兄長的指責。

　　端詳著這一幅象徵原生家庭的動態畫面，心中不禁嘆道「多麼辛苦的一家人！」

　　陪在身旁的吳老師要我對每個家庭成員說說內在的感受，我選擇從我最心疼的母親開始。一站到扮演母親的伙伴跟前，我一陣悸動，……驀地，劇場中出現的不再是演員，而是我的家人，眼淚再也止不住地奪眶而出。

　　「媽，從小到大，我很能夠感受到妳對我們三兄弟的愛與付出，也知道口口聲聲的責難底下，是妳許許多多的擔心和期待。妳希望我們好、我們出色，在社會上出人頭地有成就，才不會像妳和爸爸年輕時因窮困而過苦日子，讓別人看不起。為了完成妳的期待、要求，我和哥哥們都很努力，可是，我們都覺得壓力好大、好累！而督促我們的妳，也過得辛苦、不快樂。……放下吧！我們都已經長大了，讓我們三兄弟去走各自的路，無論好壞，我們都必須承擔自己的生命和所作所為。我了解，我們若過得不好，妳會心疼、不捨，但我們必須學到從挫折失敗中再站起來的能力。

　　……媽，謝謝妳！有妳的付出和用心，我才有今天的成長和能力；縱使妳使用的方式常讓我很不舒服，但我長大了，以後我會學著去表達自己內心的真實感受，而不是在妳面前壓抑自己，讓我們能有機會多了解彼此，讓我們能是快樂、自在的一家人！」

　　語畢，我平靜地凝望著母親，心中無怨無嘆只有感恩，也感覺到內在有股暖流生生不息。「母親」哭了，與我緊緊相擁，在場許多受到感染的伙伴也流下眼淚。移動至父親面前，注視著一向堅毅的父親。對父親，從小時的敬畏到現在的欣賞，他總是我的行為楷模。

　　「爸，你一直是我的偶像，從你身上我學得許多對我這一輩子很有意義的事，像用認真、負責的態度過生活，勇敢、樂觀地去面對眼前的挑戰等。雖然你不擅長用言語來表達關心，但你的行動卻是那麼的有力。……你愛媽很深，所以你不允許自己和我們讓媽失望、生氣、難過。你就像個巨人，很努力地在經營、護持著這個家，每次看到你的愁容，都會不捨你擔負了好多好多，好想能幫你分攤一些；而看到你和媽的笑容，就覺得自己很幸福！……我長大了，我相信自己已經有能力和你並肩站在一起，好好合作來維繫這個家，過我們想過的日子。……感謝這麼多年來，你對媽和我們的盡心盡力，也是因為有你，才能長成這麼獨特的我！」

　　我好喜歡對著父親說話的感覺，那是一種惺惺相惜的情感，父親就曾說，我是三個孩子中最像他的，我也以此為榮。

　　走過大哥、二哥，再看到自己，深深震懾於我們三兄弟一直受困在父母的期待中，而沒能活出自己。長久以來，我們都希望自己有所表現以符合父母的期許，幫他們爭面子，幫這個家爭一口氣，藉以贏得父母的肯定和認同；基於這份內心深處的渴望，我們前仆後繼地想達成使命——大哥失敗了、放棄了，由二哥和我接手；二哥失敗了、放棄了，就由我一力承擔。我告訴自己，我不能再敗了，所以，我只能成為過河卒子，「有進無退」。

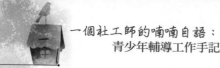

為了不再讓父母生氣、難受，為了替代兩個哥哥彌補父母心裡的缺憾，我拚命地要求自己出色、完美，好讓眾人肯定我、讚美我，因此，我成了家中的「英雄」，這份隨之而來的榮耀和價值，也變成我生存下去的重要動力。

思路至此，藉由這段家庭重塑的學習經驗，我的迷惑逐漸如霧般散開。是這個「英雄」情結，讓我「害怕」！害怕自己失敗、犯錯，害怕被他人評價、被父母指責，害怕父母因期待落空而傷心、生氣，害怕自己失去父母的肯定和愛，同時失去自己存在的價值。也是這個英雄情結，驅使我成為人際互動中的討好者，為了博得他人（特別是權威人物）的好感與肯定，我經常不太能量力而為，並選擇獨自扛起所有責任來證明自己的能力和價值。當我穿起這件名喚「英雄」的盔甲，盲目地往前衝時，我逃避去覺察自己的脆弱、有限，同樣地，它也阻隔了我去體驗他人的脆弱、有限，如此便難以產生人際之間的深刻連接。這趟「冰山」之旅，打通了我與內在能量的接觸，對我專業生命的成長彌足珍貴！

 ## 「學中做，做中學」的經驗學習反思

這一路走來，我學習了書本裡的家族治療，親身經驗了工作坊和治療室裡的家族治療，也能在工作場域中運用家族治療，甚至，這樣的實踐行動還真實地促發了案主和案家系統產生變化；而這般活生生的實務經驗，又反過來深化了我對人和助人工作的認識和思考。換言之，「學中做」、「做中學」的辨證式歷程，

讓我逐漸弭平了理論與實務、研究與實踐，以及思考與行動間的裂痕。

在反覆的辨證領悟下，我方能真正理解，為何如社工、諮商輔導、心理治療般的助人專業兼具了「既是科學、也是藝術」的雙重性格。對此，我的理解是，要從事助人工作，就必須對「人」有相當深刻的認識與了解，而助人專業對人的認知，乃係植基於心理學、社會學、文化人類學等行為科學的知識累積。只是，單憑這些科學知識的生產和記憶，卻難以使助人工作者完滿期待中的助人事實，原因是，助人者和其所憑依的科學知識間有著「貌合神離」的斷裂。要跨越此斷裂的鴻溝，唯有藉著助人工作者在一次次實務經歷中的知識實踐，親身體驗科學知識在時空環境變異下的妙用與無用，才有可能把科學知識與自己這個人融合為一體，進而開展出有力量的專業生命。而這個專業生命的發展歷程無疑是藝術性的，因為沒有絕對的標準版本可被按圖索驥地完成，每一個成熟且具效能的專業助人者，都曾在一種不確定的狀態中摸索，並在自身內、外在資源的交互影響下，完成統整繼以長出其獨特的專業生命風貌。套句武俠小說的用語，這是一種跳脫「見山不是山」乃至「見山仍是山」的人劍合一歷程。

助人能量的再生之道：自我覺察與一致性

十餘年間，浸淫在團體動力和家族治療的學習場域中，藉由行動與經驗的學習方法，我愈加相信，透過不時地審視他人回饋及自我覺察的心理機制，逐步照見自身內在的盲點和陰影，進而

理解我如何成為今天的我，縱使這個我不完美，縱使這個我帶著貪嗔癡怨，我也能抱著欣賞、疼惜的態度予以接受。這個重新認識、定義自己的過程，能使我日益趨近內外一致，在專業的助人關係或平素的人際互動裡，不必委屈討好，也不必輕慢指責，溫和而堅定地擁有自己的原則，並於不失去自我的情況下接近別人、分享彼此。

　　在我的工作對象中，十之八九是非自願性案主，甚至是不來談就會被公權力懲罰的案主，因此不但欠缺自發性，亦鮮少有改變的意願。面對這類案主，光是要建立信任關係、形成工作同盟（working alliance）的挑戰性便相當高，更遑論後續處遇的有效與否，故工作者能量耗竭（burn out）的情況隨處可見；我亦曾在從事觸法少年輔導工作的第三年產生專業認同的困惑和自我否定，一度想要放棄助人這條路。

　　不過，感謝自己的韌性和生命中的貴人扶持，在顛簸的實務歷程中，除了藉著參加助人專業研習課程提升自己的專業知能外，亦透過接受心理諮商、專業督導，持續進行有系統的自我覺察，探索自己身在助人情境中的內在情緒（生氣、難過、焦慮、無力……）與外顯行為（冷漠、指責、討好……）的關聯，並學習讓自己在人際互動中獲得一致性，使自己面對情緒壓力時得以自我調適，避免能量耗竭發生。

　　工作十餘個年頭後，此時此境的我，因受助於學習和督導，逐漸走過了工作挫折和瓶頸，並清楚看見自己的能力、資源與限制。當面對來自外在的責難，即便心中難免情緒波動，卻由於能洞察內在的自我狀態，進行自我對話，反省自己、安撫自己、接受自己，故能減低負面情緒能量的衝擊，不因自我防衛而破壞了與案主建立工作關係的機會。我的經驗告訴我，了解人性的竅門

在於能夠了解自己，而接納他人的基礎則在於能否接納自己。

（按：作者接受過吳就君老師的婚姻治療、個別督導，並參加吳老師開設之「家庭重塑工作坊」、「團體動力工作坊」及「家族治療專業訓練課程」等逾四百小時。）

第 **5** 話　少年司法場域中的臨床實務論述

　書寫緣由：從觸法少年輔導經驗中整理
自己的臨床思考

　　當前臺灣少年犯罪的嚴重性如何？這是個很難回答且見仁見智的問題。從社會大眾的主觀意識來看，每當報章雜誌、電視媒體大肆報導某手段凶殘的少年犯罪案件時，民眾多半會憂心少年犯罪或行為偏差現象日益惡化，亦會語重心長地慨嘆「我們的社會病了！」然從客觀的數據看來，依內政部警政署刑事警察局的統計資料顯示，自 1997 年起，警方查獲之少年嫌疑犯人數呈逐年減少之趨勢。而究竟何者較符合臺灣少年犯罪之真實現況呢？學者侯崇文（2004）便指出，雖然民眾擔心少年犯罪問題，但官方的少年犯罪統計則要我們不用擔心，少年犯罪問題已經獲得控制，目前正逐漸緩和中。不過，官方犯罪統計讓我們對少年犯罪的了解僅是部分的，就犯罪學者以自陳法（self-report）來了解犯罪問題，卻發現當前的少年犯罪有幾個不容忽視並令人憂心的特性：(1) 少年偏差行為相當普遍；(2) 「慢性犯罪者」（chronic offender）現象；(3) 早發性犯罪者的結構性問題較多；(4) 犯罪行為走向暴力化；(5) 幫派活動進入校園；(6) 中輟生犯罪的比例很高；(7) 許多出入不當場所的少年有偏差行為等。

　　或許，如會說話的數字所呈現，少年的犯罪案件確實是在下降當中，但這是否就能保證少年的行為偏差問題不嚴重呢？就社

會學觀點而論，少年問題是整體社會環境的產物，亦是總體社會問題的縮影，如若臺灣民眾生活之痛苦指數一向偏高，且對國家社會之未來發展也不看好，那叫人如何相信一個病了的社會，其少年問題已獲得緩解與控制？

關於少年的犯罪成因，就自身的實務經驗歸納，亦確如侯氏（2004）所指，可分為個人面和結構面。在個人成因部分，可見到觸法少年較易產生問題行為的性格特質，如：以自我為中心、自我觀念差、自我控制力薄弱、不太接受傳統的社會價值與家庭倫理等。而在結構面的部分，則包括來自家庭、學校及社會處境等因素。由於少年犯罪之成因是如此複雜，故在思考少年犯罪預防之道時，就不能不兼顧微視面的矯治處遇和鉅視面的政策制定。

身為少年司法體系之輔導工作者，平素所面對的工作對象均以「個案」（包括個人與家庭）為主，是以工作方法也偏重微視層面的輔導處遇，亦即個案行為問題的分析、診斷，及處遇計畫的擬定與實施等。當進行個別化處遇時，工作者很難不觸及個案的內在心理層面，甚至，有些個案可能患有心因性[1]疾病，因此，工作者就必須具備臨床實務上的衡鑑與治療能力。而此能力的養成，除了需嫻熟專業心理知識、學理外，更須憑藉工作者自身實務經驗的積累，即從實作歷程中去體悟、學習。

臨床實務的範疇既廣且深，本文的撰寫僅憑藉著我在少年司法處遇場域中的實務經驗，概論式地闡述何謂臨床觀點、臨床實務的內涵為何，繼而說明臨床實務如何與少年司法之審前調查程

---

1 指造成疾病的心理因素，可以說是有機體內部自我穩態平衡的失調。狹義的心因單指心理情緒上的失常，廣義的心因包括複雜的社會環境、人際關係、生活變故在內（忻志鵬主編，1996）。

序相結合，以作為少年司法保護體系之臨床實務經驗分享。

 臨床實務的內涵

何謂「臨床」？

　　「臨床」這個詞彙，是醫學味道很濃厚的字眼。劉焜輝（2001）指出，臨床（clinical）一語源自於希臘語的「床」（bed side），即治療病床上的患者之意。時至今日，臨床的內涵已被擴充，治療者及其服務對象間的關係不僅僅限於醫病關係，而更係指透過人群服務工作者與案主（或指「當事人」）的直接接觸，對其有所了解，進而協助其產生行為改變或問題解決。

　　舉例來說，臨床社會工作（clinical social work）早先被視為與「精神病理社會工作」（psychiatric social work）同義，意指在心理衛生相關領域，從事案主及其家人心理疾病評估（assessment，或譯為「預估」）及處遇（treatment）的社會工作實務。但近年來，「臨床社會工作」已漸與社會工作中的「直接服務」（direct practice）一詞混用，泛指藉由與案主體系直接互動，以強化案主社會適應能力（social competence）的社會工作模式。故在此概念下，所有在家庭服務、老年、殘障及青少年等服務機構中，以個案或團體工作為主要方法的社會工作，皆可稱為「臨床社會工作」（內政部社區發展雜誌社，2000）。因此，現今的臨床工作者幾乎可與助人實務工作者劃上等號，臨床工作能力也是助人者（包括：社會工作、諮商輔導，以及心理治

療等）在進行實務處遇時的基本配備。

柯永河（2001）認為，臨床心理學的兩大部分工作為評鑑個人心態及改變個人行為，亦即，臨床的過程包括了診斷（diagnosis）、治療（therapy）兩項工作。更白話點說，臨床心理工作是一門將心理學知識（如：人格理論、發展心理學、社會心理學、變態心理學等）應用在「了解」與「幫助」個體或群體的學問，它具有強烈的實踐性格。基於臨床的應用性目的，我們可以知道，協助服務對象改變，使其得以適應社會生活，成為一具有積極功能的「人」，乃為臨床工作者的終極關切。

因此，診斷的目的乃是為了治療的進行，治療的實施則是以診斷的結果為基礎；如若治療是一持續性的過程，那診斷也會隨著治療進程而對案主產生新的發現和洞察，進而影響治療的實施。是以，診斷和治療兩者間具有相輔相成的循環關係。不過，由於「診斷」、「治療」等詞彙皆帶有著重案主病態的思維，故也有部分學者以「衡鑑」（assessment）、「介入」（intervention）取代之。

臨床工作者的實務能力

研究資料顯示，在美國，多數的臨床工作者（1973 至 1986年間取樣調查自美國心理學會[APA]臨床心理學組）認為，心理治療是最常從事的工作項目，所占的時間也最多，其次則是診斷／衡鑑（Phares, 1992）。故由此可見，治療與衡鑑的專業素養乃是臨床工作者不可或缺的實務能力。然因受限於篇幅，本文僅就兩者進行概念性的說明，讀者可再另行參考專書。

1. 心理治療（psychotherapy）

　　要界定「心理治療」是什麼，實在是一件相當困難且意見分歧的事，我以為，這與人的存在本來就是多面向的複雜呈現有關。心理治療的工作對象是人，每個治療者觸碰到的面向不同，自然開展出來的人性預設和工作方法也不同。Corsini 與 Wedding（1995）指出，所有的心理治療都是學習的方法；所有心理治療都試圖要改變人們：使他們在思考上不同（認知），使他們感受不同（情感），使他們行為不同（行為）；而所有治療基本上都是認知、情感、行為等三種型態的組合，只是在比重程度上有所差異。

　　不過，即便每一個心理治療學派均有其獨到的見解且各執一詞，但在心理治療的實務發展上，似有逐漸走向「折衷」取向的趨勢。Garfield 與 Bergin（1986）嘗謂：

> 「心理治療的發展在觀點上已悄悄地產生關鍵性的轉變，而關於心理治療和行為改變的專業態度也有著不可逆的變化。這個新的觀點指出，長期以來，由特定理論主導的時代已然結束，以『折衷』取向為優先考量的治療氛圍正逐漸形成。」

　　所謂「折衷主義」（eclecticism）係指，實施心理治療時，在理論上不固著於採取哪一學派的理論為唯一根據，而是採取折衷的態度，可能採用來自兩個以上理論的技術及／或概念（游恆山、邊光昶譯，1999）。正如 Corsini 與 Wedding（1995）所指，如果心理治療基本上是哲學，則最終會有多重系統；如果它基本上是科學，則最終只會有一個折衷系統。我對 Corsini 指陳的解讀是：由於心理治療專業關切的是應用，臨床工作者重視的

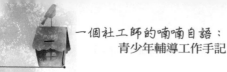

是治療之實施是否有效、為何有效，而非哪一種理論架構或人性預設是最正確的。因此，透過科學研究的驗證，相信心理治療慢慢會整合出一種有用的助人工作模式，並非只是各說各話。

在我的實務經驗裡，也的確體會到「折衷」的必要性，畢竟，人的面貌著實是多樣而豐富的，要找到單一治療學派可以放諸四海皆準，無疑是把人的廣度給窄化了。然「折衷」卻也不是隨意地東抓一塊、西取一片的拼盤，它是在對案主做整體而有系統的了解後，能夠不拘泥地去選擇運用某種技術或理論概念來因應案主的實際情況與所需。換句話說，治療者心中存在著一套人性哲學、治療原則，只是在治療方法上，能夠兼取其他學派之長，以求最適切於案主。這便是心理治療的藝術性格所在，也因此，心理治療幾乎不太可能化約成單一的「有效」模式，就如同Corsini 與 Wedding（1995）所言，「心理治療是基於科學之上的藝術，但正如對藝術而言，對如此複雜的活動是絕無簡單方法的。」

而究竟什麼是心理治療？仍是我想嘗試回應的問題，但要澄清的是，此係就自身學習歷程與實務經驗的反思所形成之主觀性構念，故只是一種分享，而非標準。

當我開始從事輔導工作時，所採用的治療取向是「當事人中心」（client-centered）學派，此學派是以 C. Rogers 肯定人性向上、以人為本的精神作為治療信念，迄今，此信念仍是我面對案主時的基本核心價值。爾後，從學於國內家族治療學者吳就君，逐漸長出「人際互動—心理動力」（interpersonal-psychodynamic）取向之治療視框。整合前後兩種治療取向，我對人之問題行為或心理疾患因何而生形成較具系統性的看法。

人生而有求生存、追尋生理滿足的基本需求，而與主要養育

者（特別是母親、父親）間的互動方式和關係品質，更是個體能否獲得心理需求滿足的重要關鍵。此與主要養育者的互動關係模式形塑了個體穩固的性格結構，亦是其日後人際關係模式的「原型」[2]。若得以從養育者處得到滿足與正向回饋（positive feedback），則個體會形成對人的信任及對己的價值感（自尊）；反之，若個體面臨了生存的威脅或養育者的忽略，其基於減輕焦慮、憤怒、恐懼等負面感受，則會逐漸發展出僵化、不合宜的人際互動方式來因應外在情境，其作用就類似於 S. Freud 提出之「防衛機轉」（defense mechanisms），不但無助於個體成長能量的發揮，且成為其產生痛苦或生活問題的根源所在。

　　Bateman、Brown 與 Pedder 指出，人格，就像身體，自然會傾向療癒與成長；心理治療的基本職責，就是要創造各種條件來催化這些過程（陳登義譯，2003）。我認為，要催化案主走向療癒與成長，最重要的條件莫過於信任關係的建立。因此，心理治療乃在創造一種治療者與案主之間的信任、坦誠關係，透過治療者的接納、澄清、同理、引導，以及聚焦於此時此境（here and now）的經驗、感受等技術運用，促使雙方能進行內在心理層次的深度交會（encounter），並形成一案主可於其中自我開放、探索、覺察、領悟的治療氛圍，逐步透過了解、接納自我和他人，以達整合自我，進而獲致肯定自我、重新界定問題、建構意義，以及付諸行動等能力。

2　對榮格（C. G. Jung）而言，「原型」（archetypes）一詞乃指涉「理解的典型方式」，亦即作為人類一份子所共同具有的心理認知與理解的模式（蔣韜譯，1997）。在此，我對「原型」的指涉是，個體成年後的人際關係模式乃是受幼年時其與主要養育者之互動關係的影響，甚至是複製了該時期的互動型態。

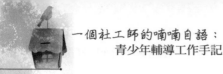
2. 心理衡鑑（psychological assessment）

由於我服務的對象是觸法少年，為了避免標籤少年為病態，故傾向以「衡鑑」取代「診斷」。心理衡鑑是一種了解人的方法（柯永河，2001），也可說是一變化的歷程，此歷程可分為問題澄清、資料收集、問題解決等三個同時發生且相互互動的步驟（許文耀等譯，1997）；而無論要了解人抑或回答問題，其實施目的皆是為了案主的改變進行準備工作。

柯永河（2001）指出，為了把了解一個人的工作做好，臨床工作者除了必須擁有一套有效的人格結構、人格形成及改變的理論外，也須擁有有關人格或行為評估的豐富智識；換言之，臨床工作者必須精於人格理論及人格評鑑的理論與方法。再者，人是社會的產物，其思想、情感、行為莫不受到社會文化環境的影響和制約。為了能夠把人與環境的互動關係儘可能地釐清，以利於案主行為改變工作的進行，臨床工作者便不可沒有社會學、社會心理學、環境心理學、文化人類學等強調環境因素或系統觀點的學科視野。

從上述論點可以得知，心理衡鑑所概括的工作內涵是非常複雜且寬廣的。一般人經常會把心理測驗（psychological testing）等同於心理衡鑑，殊不知此舉是窄化了後者的內涵。心理測驗僅是衡鑑過程的資料收集方法之一，Maloney 與 Ward（1973）認為，臨床工作最主要的功能是回答或解決臨床問題，而心理衡鑑不同於心理測驗之處，便在於前者是一個問題解決的過程。許文耀在《心理衡鑑》（1997）一書的譯序中更指出，臨床工作者必須靠著所學的專業知識及實務經驗對所收集到的資料（例如：心理測驗）進行推論及整合，倘若光會施測、計分和按測驗的規則來解釋，並不夠格稱得上是位專業的臨床工作者。或許，我們可

以這麼說，一個好的臨床工作者必須具備運用心理測驗以了解案主的專業能力，但熟悉心理測驗的運用卻未必見得是一個好的臨床工作者，故測驗對於衡鑑而言，乃是必要而非充分。

　　除了心理測驗外，晤談（interview）乃是臨床工作者實施衡鑑時最基本及最有用的技巧（Phares, 1992）。劉焜輝（2001）指出，晤談法的特徵在於它是直接的人際關係的方法，亦即，此法是要記錄互動雙方之人際關係上的各種現象，有別於科學心理學的調查晤談法。雖然晤談不似測驗般，在標準化情境下進行按部就班的資料收集程序，但經驗豐富與敏感度高的晤談者，卻能從與案主進行個別化接觸時之口語和非口語訊息，獲得更多對案主心理狀態的發現和了解；即便實施的是衡鑑性的晤談，也可能會含有治療的效果在其中，使個案得以提早發現問題，強化其持續改變的動機和信心。不過，使用晤談法來進行資料收集，畢竟存在著一個難以避免的根本限制，即人際互動過程中的某些部分是無法明確而具體地記錄的，例如：晤談對象的內在心理狀態等。因而許多時候，需要藉由主觀性的推論來詮釋資料，於是影響了資料呈現時的可信度。

　　綜合上述的說法，我們可以理解到心理衡鑑這個動態過程，在臨床實務上所針對的是日常世界中活生生的人，所要回答的，不僅是 "What"（問題是什麼？）、"Why"（問題成因為何？），更是 "How"（如何解決？）。若再加上對問題解決方法的實踐，便形成一完整的心理治療療程，也可說是，臨床工作者基於實務性的問題解決目的而完成了一個具獨特性、個別性的「個案研究」（case study）。易言之，蘊含了心理衡鑑和心理治療程序的個案研究，實為臨床工作者最基礎、亦是最重要的實務能力與核心方法。以下特就個案研究的基本概念予以說明。

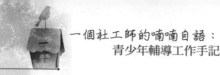

臨床實務的工作方法：個案研究

個案研究是臨床工作者必須要、也是不得不實施的一項工作方法。採用「必須要」和「不得不」乃是因為若不進行個案研究，工作者便難以界定問題何在、問題成因為何，以及聚焦於問題如何解決的層次上。將個案研究視為「方法」，似乎稍嫌靜態，事實上，它是工作者在面對每一個具獨特性之個案時的動態處遇「過程」（process）。

個案研究的進行是一系列有邏輯性的實施步驟。首先，它必須確認個案的問題行為或心理癥狀是什麼。接下來，工作者運用晤談（對象包括個案及其重要他人）、觀察、問卷、心理測驗、參考個案書面文獻（如：日記、信函、文章等）等方法，蒐集個案之身心狀況、性格特質、智力性向、興趣嗜好、家庭環境（特別是家庭成員間的互動方式、溝通型態、關係品質等）、學校表現、同儕交往（包括異性關係）、休閒娛樂及參與社區活動的情形等相關資料，以對個案及其生活脈絡有一完整而清晰的了解（陳李綢，1996；馮觀富編著，1997；曾端真，2001）。

臨床工作者在資料蒐集的過程中，隨著對個案生活圖像的拼貼，對其問題行為或心理癥狀之所以產生的原因，會慢慢地浮現出一種基於工作者自身之學理依據和實務經驗的看法與詮釋，此即成因分析與診斷。工作者此種對問題成因的洞見是非常重要且具有價值的，因為它乃是後續處遇介入的基礎。在此，我要分享一個來自實務經驗的省思：並非看見、了解問題成因所在，就等於解決問題。工作者對問題成因的洞察與分析有其絕對的必要性，但卻非個案得以改變的充分條件。臨床工作者要有偵探般敏銳、謹慎的特質和邏輯思考的能力，然卻不能只是偵探，他／她

還要是能促動個案轉化、改變的人性工程師。我相當認同家族治療大師 Satir 的經驗談，「問題的本身不是問題，如何面對問題才是問題」（引自王行，1996：9），問題的解決需要個案對本身之主體力量的覺察與實踐，也就是「行動力」，而這股成長性的力量就是工作者要設法在專業關係中引導、催化的。即便深究出個案的問題之源，也並無法保證個案願意付諸行動改變。

工作者在臨床處遇介入期間，由於接觸到個案的不同面向或更深層次的內在心理動力，經常會對問題成因產生新的發現、解釋並作修正，也因而將轉換不同的介入策略。故工作者必須能夠充滿彈性地覺察、接受及因應此「變」的過程，而非一味掉書袋式地固著於己見、一成不變。再者，人的問題複雜且經常涉及生理、心理、社會等不同的層次，必要時，對於個案的衡鑑或介入，亦需邀請不同專業領域的實務工作者，如：心理學、醫學、精神病學、社會工作等，共同合作以針對個案問題形成處遇計畫。因此，個案研究最好能採團隊工作（team work）的方式，並透過個案會議（case conference）來施行（馮觀富編著，1997），以收集思廣益、避免因獨立從事而產生閉門造車之效果。

完整的個案研究除應包括臨床工作者的衡鑑與介入歷程外，對於介入成效的評量（evaluation）以及處遇結束後的追蹤（follow-up）也是十分重要的（陳李綢，1996；曾端真，2001）。成效評量應不僅是工作者以「專家」的立場來指出個案的改變或進步何在，宜是在結案前，與案主一同探索、發現透過處遇歷程而有的轉變，這個轉變對案主來說，是有意義、有力量的。至於追蹤的部分，由於工作者的陪伴，個案在處遇過程中可能增強了改變動機，或產生明顯的行為改變，然而此種改變能否

持續，且落實到晤談室外的日常生活情境裡，這才是工作者介入的最終目標；藉著長時期追蹤，也方能確認個案的成長與適應。

三 審前調查與臨床實務之關聯

審前調查之目的

　　「審前調查」（pre-sentence）是少年事件處理流程中的重要步驟，因為其關係到觸法少年（包括犯罪和虞犯行為）是否進入少年司法保護體系，及少年該接受何種保護處分。而所謂「審前調查」程序係指，在正式開庭審理少年案件之前，為了確認觸法事實以決定後續處理方式，少年法庭會將案件交由少年調查官作調查，並於開庭前製作調查報告，以作為法庭審理案件之重要參考依據。其法源基礎為少年事件處理法第十九條（司法院，2003），是謂：

> 少年法院接受第十五條、第十七條及前條之移送、請求或報
> 告事件後，應先由少年調查官調查該少年與事件有關之行
> 為、其人之品格、經歷、身心狀況、家庭情形、社會環境、
> 教育程度以及其他必要之事項，提出報告，並附具建議。
> 少年調查官調查之結果，不得採為認定事實之唯一證據。
> 少年法院訊問關係人時，書記官應製作筆錄。

　　由於少年事件處理法第一條開宗明義地指出，立法之主要目的在於「保障少年健全之自我成長，調整其成長環境，並矯治其性格」（司法院，2003），故可推知，少年司法體系在面對觸法

少年時的基本態度，乃是針對少年心性、需求及成長環境之個別性、獨特性，以尋求其最適當之處遇方式。至於何者為最適當之處遇，審前調查之功能能否發揮便十分關鍵。

我認為，審前調查的功能猶如臨床工作中的心理衡鑑、社工實務中的處遇評估，皆希冀透過專業人員的學養知識和實證工具（如：測驗、量表等），對個案的問題或心理癥狀成因及後續處遇有所鑑別力。心理衡鑑的結果乃為後續治療方向的參考（許文耀等譯，1997），社工評估則欲確認個案的需求與所需的服務（萬育維譯，1997），而審前調查所著重的，便是少年再犯因子的分析及判斷，以及何種保護處分既能收再犯預防之功，又能避免少年因過早涉入刑事司法體系而有標籤效應之害。

誠如衡鑑是一了解個案的動態過程，審前調查亦有相同的實務意涵，惟兩者之實施目的仍有某種程度上的差異。衡鑑往往意味著治療的開始且與治療歷程並行，但調查的進行，雖或有輔導的效果，然焦點卻置於個案的資料蒐集、觸法行為的成因分析，以及後續處遇意見的形成。考量案件審理具有一定的期限，對於某些觸法成因複雜或行為人可能有內在心理層次問題的特殊案件，為了能經由較長期的互動更清楚個案的問題脈絡，以決定是否為或應為何種保護處分，便可運用「觀察」機制，或稱「試驗觀察」（tentative probation）。觀察之實施規定於少年事件處理法第四十四條（司法院，2003），是謂：

> 少年法院為決定宜否為保護處分或應為何種保護處分，認有必要時，得以裁定將少年交付少年調查官為六月以內期間之觀察。
>
> 前項觀察，少年法院得徵詢少年調查官之意見，將少年交付

適當之機關、學校、團體或個人為之，並受少年調查官之指
導。

少年調查官應將觀察結果，附具建議提出報告。

少年法院得依職權或少年調查官之請求，變更觀察期間或停
止觀察。

　　試驗觀察雖為審理中為決定應否為保護處分之目的所行之措
施，旨在從緩裁定處分，但實質上具有診斷、治療及調適等作用
（丁道源，2001）。因此，觀察措施的運作，不但能使少年調查
官配合法院編制之心理輔導員、心理測驗員形成一專業工作團
隊，針對被觀察少年進行觸法成因分析、評估暨短期之輔導處遇
介入，並能適時引入各種社會資源，增強評估與處遇的有效性，
故觀察制度實為少年調查官於案件調查審理期間得善加運用的一
種處遇程序。

調查報告之內容

　　一份完整的審前調查報告之製作，基本上涵蓋了個案之資料
蒐集與整理、對問題行為或案件發生成因的分析與解釋，以及後
續處遇意見的形成等三個部分（蘇益志，2006）。若從臨床實務
觀點而言，少年調查官在進行資料蒐集時，須較著重於個案之內
在心理層次及其同所處外在環境中人事物的互動關係和影響，而
其中對個案有著決定性和根源性之影響力量的莫過於原生家庭。

　　就自身之實務所見，臨床工作者宜培養出一種能夠對個案之
「心理動力」和「家庭系統動力」有所敏感與覺察的專業視框，
以使己能洞視、評估問題，進而發掘問題處遇的路徑。

　　依 I. Yalom 說法，心理動力係包含了能量（energy）觀念，

乃是出自 S. Freud 的心智功能模式，此模式是假定個體內在衝突的力量會產生與之相關的思想、情緒和行為，更重要的是，這些衝突的力量存在於各種不同的覺知層面，有些甚至完全在潛意識中（易之新譯，2002）。故具有心理動力視框的工作者，能夠不被外顯行為或表象事件所惑，而能透過深刻的同理、了解以直透個體的感受、想法、信念、期待、需求等內在層次，進而更全面性地觀照人的整體。

至於「家庭動力」則係指，運用系統觀點理解家庭成員互動關係及其作用之理論取向與治療實務。有別於個人心理動力，此觀點視家庭為一整體，其間的次系統（subsystems）交互影響，而某一家庭成員的行為偏差或心理困擾絕非個別的問題，而是與整個家庭系統有密切相關。此種動力取向之專業視框，有助於提升工作者對個案內在深層結構能量運作的敏感度，而更深刻地進入案主的心理世界中。

依臨床實務之原則，可將調查官擬蒐集之資料區分為幾種不同面向的類型，是為：

1. **個人層面**：包括基本資料、成長史、疾病史及前科紀錄等。

2. **家庭層面**：包括家庭圖（家庭成員之相關背景說明）、家庭成員間之互動情形（夫妻婚姻關係、父母管教態度與親子互動關係、手足關係等）、家庭氣氛、權力結構、溝通方式及家庭規則等。

3. **學校層面**：包括學業成績、在校行為表現及與師長、同學的互動關係等。

4. **社會人際層面**：包括同儕交往、宗教信仰、休閒娛樂型態

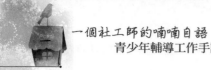

及參與社區或宗教活動情況等。

5. **心理測驗層面**：包括智力、人格、興趣、性向、心理適應等，及其他具特殊性之測驗資料。臨床上經常被使用的幾種測驗有——魏氏成人智力測驗（Wechsler Adult Intelligence Scale）或魏氏兒童智力測驗（Wechsler Intelligence Scale for Children）、班達完形測驗（Bender-Gestalt Test）、羅夏克墨漬測驗（Rorschach Test）、問卷式測驗（Questionnaire Type Tests）、注意力測驗、主題統覺測驗（Thematic Apperception Test）、畫人測驗（Draw-A-Person Test），以及句子完成測驗（Sentence Completion Test）等（柯永河，2001）。

在系統性的資料蒐集大致完備後，調查官就開始以自身的專業知識架構為基底，把所蒐集的資料與問題行為連接起來，試圖探求兩者間動力性的因果相關，此過程便為對個案問題行為成因的分析與診斷。再以此對問題行為成因的分析、診斷結果為依據，建議法庭裁定是否為保護處分或為何種保護處分，即為處遇意見的形成，而這其中當然也可能包含了調查官對少年後續處遇方向或策略的想法與考量。

- 丁道源（2001）。最新少年事件處理法釋論（增修新版）。桃園：中央警察大學。
- 王行（1996）。家族歷史與心理治療。臺北：心理。
- 內政部社區發展雜誌社（2000）。社會工作辭典。
- 司法院（2003）。處理少年事件相關法規彙編。
- 忻志鵬（主編）（1996）。實用臨床心理醫學。臺北：五南。
- 易之新（譯）（2002）。生命的禮物——給心理治療師的85則備忘錄。臺北：心靈工坊。
- 侯崇文（2004）。青少年犯罪問題與政策現況。收錄於《刑事政策犯罪研論文集（六）》。法務部網站www.pdffactory.com。
- 柯永河（2001）。臨床心理學‧心理診斷。臺北：文笙。
- 陳登義（譯）（2003）。心理治療入門。臺北：心靈工坊。
- 陳李綢（1996）。個案研究。臺北：心理。
- 許文耀等（譯）（1997）。心理衡鑑。臺北：心理。
- 游恆山、邊光昶（譯）（1999）。心理治療與諮商理論——觀念與個案。臺北：五南。
- 馮觀富（編著）（1997）。輔導原理與實務。臺北：心理。
- 曾端真（2001）。個案研究在班級兒童輔導上的運用。《諮商與輔導》，**189**，2-8。臺北：天馬。
- 萬育維（譯）（1997）。社會工作實務手冊。臺北：洪葉。
- 劉焜輝（2001）。臨床心理學（一）理論基礎。臺北：天馬。
- 蔣韜（譯）（1997）。導讀榮格。臺北：立緒。
- 蘇益志（2006）。觸法少年輔導實務——晤談室中的沉思、領

悟與行動。臺北：心理。

- Corsini, R., & Wedding, D. (1995). *Current psychotherapies* (5th ed.). Itasca, IL: F. E. Peacock Publishers, Inc.
- Garfield, S. L., & Bergin, A. E. (1986). *Handbook of psychotherapy and behavior change.* New York: Wiley.
- Maloney, M. P., & Ward, M. P. (1973). Ecology: Let's hear from the people: An objective scale for the measurement of ecological attitudes and knowledge. *American Psychologist, 28,* 583-6.
- Phares, E. J. (1992). *Clinical psychology: Concepts, methods, and profession.* Brooks/Cole, A Division of International Thomson Publishing Inc.

第 **6** 話 **伴你走一程：**
與性侵被害少年的輔導歷程敘說

 觸碰輔導關係中的性議題

我會與小祥（化名）工作，是因為性的議題。保護官在交付個案進行輔導時，期待的輔導目標是「少年在安置機構中，發生被其他學員強迫進行性服務（為人口交），及疑似有自願從事收取報酬、代價，其性別傾向、性觀念、行為應予協助、導正」。

長期以來，就我本身之實務經驗和觀察，要同案主談論性別（gender）議題還容易些，若涉及有關「性」（sex）的內容，那就不是一件簡單的事。一來，這牽涉到案主極隱私的部分，故輔導關係不夠安全、信任時，案主本就難以啟齒；二來，工作者自身的性態度是開放或保守、是接納或拒絕，也相當重要。我剛開始從事輔導工作的階段，常儘量避免去同案主談性的話題，原因是我會害羞、不自在，而這樣的感覺則來自於性態度的保守。

在成長過程中，我從沒有感受到環境有允許我談性的氛圍和權利；我想，這與我們華人的社會文化有關，在日常生活的人際互動中，我們對性有著許多的道德批判及框架束縛，因為性對華人似乎是一種不能浮上檯面的忌諱，且往往被視為淫穢和曖昧，而在此種「恐性」的氣氛下，我們的父母和師長，都鮮少會主動對子女或學生談性。

其實，性器官是我們身體的一部分，性事也是人在發展歷程中必定會碰到的議題，因此，讓自己學習，保持用自然、開放的

態度面對性，並找到適當時機，開誠佈公地同我們的孩子談性，使孩子們逐漸對性的生理、心理及社會層面有全盤的理解。如此，孩子也能視自己是個完整的人，而無須再帶著有色眼光，用壓抑、扭曲的方式（如窺視、戲謔、侵犯等）去探索性。

進入青春期第二性徵階段，受到性驅力（sex drives）的影響，青少年的生理、心理均產生相當大的變化，「性」與「情」成為青少年的重要發展課題。所以，從事青少年輔導工作很難不碰觸到性議題，故輔導者須了解自己如何看待性，省視自己看待身體情慾的方式，進而覺察自身的性態度和性價值觀為何及如何形成。藉由此一重新解構、建構的過程，讓自己得以破除固有、僵化的性框架，漸次除去對性的敏感和焦慮，學習接受多元、尊重彈性及不帶道德批判的性態度和價值觀，最後，可以自由自在地與案主開口言性，引導青少年進行性的探索與教育，乃是輔導者相當重要的修練。

我看小祥

我和小祥一共進行了二十五次晤談，前半段幾乎都在安置機構內進行，而後半段則在校園中實施。除了起先的三個月，每月晤談兩次外，之後便採每月一次的晤談頻率。在我的眼中，小祥是個很活潑、開朗、健談的孩子，他喜歡有人聽他說話，所以，我們之間的信任感很快就建立起來，印象中，我沒碰到案主太多的抗拒或防衛。

小祥因輕度智能障礙而領有身心障礙手冊，但他在語言溝通

方面並無困難，只是識字和書寫能力較為欠缺，絲毫不影響我們之間的互動。此外，小祥較同年齡孩子顯得稚氣，且肢體語言亦略帶點女性化，不過，他相當在意別人笑他「娘娘腔」或「少奶奶」。我問他為什麼會介意，他回答「我不想跟別人不一樣！」的確，在少男的同儕團體中，若被其他男孩認為自己很「娘」，那實在很有壓力，而且常會成為大家取笑、甚至惡作劇的對象。

小祥家中的經濟狀況並不好，母親擔任清潔工，而父親已過世，死因似與酗酒有關。對於父親，小祥的情感是矛盾而複雜的。一方面，小祥覺得爸爸很暴力，會打媽媽、打自己，故會害怕、討厭爸爸；但另一方面，小祥又覺得爸爸有時對自己很好，爸爸的驟逝，其實也讓小祥感到傷心、難過。而小祥與母親的關係則相當緊密，在管教上，母親對小祥相當寵愛，但缺少規範、約束的作為。

在晤談過程中，我發現，小祥生存的應對姿態（coping stances）很「討好」。亦即，由於內在的自我價值感低，小祥很需要他人眼光的注目、呵護，藉此獲得自我肯定和安全感；但同時，他也就不太能拒絕別人的要求，進而產生委屈求全和順從強勢或權威的生活態度。因此，小祥容易碰到人際界限混淆的問題，也容易在同儕團體裡成為被欺侮的對象。

三　我的輔導方向

在整個輔導歷程中，我所設定的主要輔導方向有二：一者，陪伴；再者，性教育。

所謂「陪伴」，是指透過輔導關係中信任感的建立，我逐步藉由傾聽、引導、情感反映、接納、同理、自我揭露、面質，以及詮釋等技巧的運用，慢慢地連結小祥的內在自我狀態。一則，我予以情感上的支持和具體能力上的肯定，讓個案理解到，其實他有責任和能力作改變；二則，催化小祥藉著說的過程，促使其察覺自己的所思、所感，繼而協助其產生價值觀念上的轉化和情緒上的穩定。

　　至於性教育的實施，我極為認同哲學家羅素（Bertrand Russell）在其《性道德》（羅素，2001）一書中，對兒童性心理發展與性教育之重要性的一段深刻描寫。羅氏寫到：

　　「……事實上，我們若是把性的事實故意弄得神祕玄虛，適實足以增加兒童對這個問題天生的好奇心。假如大人對性的問題一如對任何旁的問題一樣，兒童有問題的時候，就依兒童所欲知的多少、所能了解的深淺，據實回答他們，則兒童必不會有淫穢的觀念；因為淫穢觀念之產生，是由相信某種問題不應提及而起的。性的好奇心，一如任何他種好奇心，只要滿足後，就會削減下去。所以，要避免兒童談論性的事體，最好的方法便是照他們所欲知的多少，將事實明白告訴他們。」（頁99）

　　晤談前期，我一直很困惑，為何小祥在少年觀護所和安置機構裡皆有被同儕性侵（為別人從事性服務）的經驗，這似乎顯示出他本身具有容易成為性侵被害者的特徵。換句話說，此部分我可將之與小祥的「女性化」外顯行為和因人際界限混淆導致其欠缺自我保護能力，進而引起同儕覬覦、有可乘之機作聯想。不過，環境因素和成長經驗扮演了什麼催生的角色呢？一者，封閉

式的機構生活，讓進入青春期的少年容易將同儕視為探索「性」和發洩性驅力的對象，若機構管理較為鬆散或過度嚴謹，亦未藉由教育和輔導加以疏導，則同儕間的性侵事件可能層出不窮。

　　再者，我直覺地認為，小祥的性經驗可能起始在更早的時間點，亦即，小祥在性方面應有更早的啟蒙經驗，致使其身體界限和自我保護意識相對薄弱。在後來的談話中，我陸續得知，小祥在國小階段便已兩度和成年男子發生有對價的性服務行為；更沉重的是，在此之前，小祥曾被父親性侵，對此，他沒有太大的情緒反應，這是因為父親常會用物質上的餽贈來補償他，同時，他覺得父親對他的性接觸，似乎是一種愛的表現。

 四　輔導歷程中的重要事件敘說

　　在與小祥工作期間發生的兩個指標事件，我認為，都是對輔導效果的強化深具意義的。

竊盜事件的處理

　　首先，在第五次晤談前，小祥再度出現偷竊行為，故當次晤談時，我便協同機構社工一起處理此問題行為。晤談中，我慢慢地引導小祥說出偷竊行為的發生經過。若依小祥所述，聽起來似乎是一樁臨時起意的順手牽羊事件。不過，對我來說，無論是多麼不經意或損害微小的犯罪都是相當有意義的，因為這是可以引導案主反省及更深入探索自己的好機會。況且，「勿以善小而不為，勿以惡小而為之」的古訓，在我的兒少輔導工作中已是一個

很重要的核心價值。

　　明白小祥偷竊事件的始末後，在對談中，我同理了小祥事發後害怕、焦慮與羞愧的感受，但一反往常溫和、幽默的接納態度，我選擇嚴正以對，用一個個的問題，促使小祥去思考發生偷竊事件後，會產生什麼樣的行為結果，必須付出什麼樣的代價或承擔什麼樣的責任。此外，機構內的其他人（特別是同儕）會怎麼看自己，媽媽、保護官又會怎麼想自己。

　　換句話說，當下，我沒有選擇藉由晤談緩解小祥的焦慮，甚至是羞恥感，我反而增強了這些令其不舒服的情緒感受。我很坦誠地告訴小祥，我還是相當肯定他近來在機構中的改變和行為表現，但我希望他能深刻地領悟到，一個未經深思熟慮的小動作，就可能獲致意想不到的行為結果及翻轉別人對自己的印象。我希望，偷竊事件的結果能與小祥內在的不舒服感受牢牢地聯結，並長久留存在他的心中，讓這個不怎麼愉快的感受經驗成為其日後一道「三思而後行」的規範防線。

　　晤談結束前，小祥哀怨地請求我，可否不要把這次的偷竊行為告知保護官。詢問後方知，小祥的擔心有二：一來害怕被懲罰，二來則不希望破壞逐漸在保護官眼中建立起的好形象。小祥很用力地向我保證，絕對不會再有下一次了。一剎那間，小祥的哀求有打動我，我心軟了！但這樣的覺察更讓我意識到界限清楚和為所當為的重要性。

　　於是，我用溫和而堅定的語氣告訴小祥，我相信也肯定他不會再犯的承諾和決心，但將事實告知保護官是我的責任，同時，我必須讓他了解和學習到，真正的認錯是有勇氣去面對自己的問題和承擔自己的行為後果，否則，嘴巴上的討饒只是心存僥倖。所以，我拒絕了小祥的請求！在這次晤談後，配合著保護官的勸

導書與機構的行為監督，直至小祥離開安置機構前，都未再發生竊盜行為。

成為性侵對象

在第七次晤談前，小祥成為機構少年的性侵對象。小祥表示，先前的性行為還有些出自本身意願（有性遊戲成分），但這一次則是完全被迫。在被同儕性侵的過程中，小祥的感覺是害怕、委屈的，也有被侮辱感。

原本小祥對自己幼年被性侵之事是不願提及的，經常用「不知道」、「忘記了」來回應，我想，這與受暴者（特別是兒童）會使用否認、解離或攻擊行為來因應創傷有關。從事受暴兒童或少年輔導工作，與個案建立穩固的信任關係是首要之務，也是輔導能否有效的最重要基礎，因為受暴的經驗告訴他／她，人是那麼地不可信任。故輔導的歷程，也是讓案主重新對人產生信任，進而引導其重新建構自我評價、提升自我價值感的發展歷程，通常這需要一段頗長的陪伴時間。

在與小祥討論本次同儕性侵事件時，我還是先透過傾聽、同理與接納態度營造出溫暖、安全的談話氣氛。繼而，除了探問事件發生的始末外，亦著重於連結案主敘說事件時的內在狀態（包括情緒、感受、想法及態度等），以幫助其產生自我覺察，亦加強其負起保護自己身體的意識。例如，我會很直接地就挑戰小祥，「你有什麼辦法讓自己不再成為別人下一次的性侵對象？」

後續晤談中，透過角色扮演和對話練習，我儘可能讓小祥學會「設限」，使之在人際互動中能拒絕同儕間的過分要求，並特別聚焦於引導小祥理解「身體自主權」和「自尊」（自我價值

感）間的關聯，促使其要懂得珍視、保護自己，避免身體的界限被入侵。而小祥也慎重地承諾我，自己絕不會讓類似的情況（同儕間性遊戲、性侵害）再發生。

五 結語

在陪伴小祥近二年的時間裡，每月到機構或學校探視小祥的晤談時間，成了我很重要的時間紀事。如今小祥從學校畢業了，也將從安置機構離開，我很高興看著他成長、蛻變，並又將開始另一個人生階段。若問我，有沒有從小祥的輔導歷程中獲得什麼，我想，我很喜歡見到小祥無邪的笑容和那雙逐漸充滿自信的眼神，這讓我很有能量！

小祥的故事結束了嗎？結束了！和我之間的故事結束了。

可是，他正要重新開始寫自己的人生故事呢……

參考書目

・羅素（Bertrand Russell）著（2001）。性道德。臺北：水牛。

第 **7** 話 情緒管理與青少年輔導

 前言：正視情緒

　　華人文化對情緒這股能量一向很避諱，通常家長都不太能接受或會要求孩子不要有太大的情緒反應，而透過這樣潛移默化的過程，使一般人對情緒有著普遍性的誤解。例如，人們會認為，當情緒過度抒發時，是一種不成熟或沒教養的表現，故常會預設人際之間最好是一團和氣，且自己或他人最好都不要有情緒，也因此，忍耐或舉止優雅成了眾所崇尚的美德。

　　其實，沒有人會喜歡狂飆亂射的情緒，當情緒失控時，我們會發現什麼事都無法解決。不過，從生物演化的觀點來說，情緒的確是人類最自然的反應狀態，且它的存在對人類亦有相當正向的功能。首先，情緒被激起有著保護人類生命安全的作用，譬如，當外在情境的危險刺激突然出現，人們通常會產生緊張、害怕的生理反應及感受，促使人們因有所警覺而免於危難。

　　再者，情緒是人類情感的基本成分，亦是人類創造力的重要泉源；有了情緒能量的運作和推動，我們才能享有豐富美妙的情感生活，並創造出經典偉大的文明及藝術。正因情緒對人類生命的存續相當重要，是以面對它、了解它、接受它，進而與之和平共處，便成為每個人皆需圓滿完成的課題。

　　在青少年發展階段，個體的情緒起伏與變化是相當明顯的，不但影響人際關係、身心狀態，更是促動青少年行為表現的主要

力量之一，因此，情緒管理是青少年輔導工作中的重要議題，而輔導者宜對青少年的情緒發展特徵及如何因應有所理解。

 ## 認識情緒

　　何謂情緒？情緒可定義為：「由內、外在刺激所引發的一種主觀的激動狀態。此狀態是由主觀的感受、生理的反應、認知的評估、表達的行為，四種成分交互作用而成。」（曹中瑋，1997）從此定義可以看出，情緒通常是在一種非預期的狀況或突然變化之刺激出現，以及一種內、外在需求和期待得到滿足或受阻的情況時發生，而其組成亦頗為複雜。

　　由於情緒牽涉到主觀的感受和認知作用，故情緒的反應程度總是因人而異，並帶著相當大的歧異。換句話說，在生理層次上，人類會經驗到普同的情緒狀態，如高興、愉悅、生氣、憤怒、難過、悲傷、焦慮、緊張、憂鬱等；但個人對事件的解釋、情緒的強度、情緒的表達方式及面對情緒的方法等，卻往往受到社會文化的關鍵性影響。亦即，我們自幼就從家庭、學校、同儕及傳播媒體等媒介學習到社會規範所能接受的情緒特性。最常見的情況莫過於因性別而有的情緒反應差異。在華人文化裡，男兒是有淚不輕彈的，男人被鼓勵要堅忍、勇敢（就是《一ㄥ啦！），有痛苦、有委屈，也要打落牙齒和血吞；而相對於男性，女性在情緒表達上被允許有較大的空間，卻也被要求要含蓄。

　　大腦中負責管理情緒的邊緣系統，是在青春期之前便發育完

成的，故個體情緒特質的形成，其關鍵便在童年階段，而父母的教養態度和管教方式，對幼年子女的情緒發展更是發揮不可忽視的作用。在馬斯洛（A. Maslow）的需求階梯理論中，安全感是個體最基本的心理需求，也是孩子情緒能否穩定成長的基礎，直接影響到孩子後來的性格發展與人際互動良窳，是以，父母、師長怎可不留意、教導孩子從小就管理好自己的情緒。

 青少年之情緒發展特徵

學者劉玉玲（2005）指出，到了青少年時期，由於認知能力和意識水準的提高，情緒發展會出現下列的特徵：

1. **延續性**：兒童情緒發作的延續時間較短，以幼兒為例，其發怒時間通常不超過五分鐘；而青少年情緒發作的延續時間可達數小時，甚至有些情緒體驗會長期影響青少年的成長。

2. **豐富性**：青少年各類情緒的強度不一，亦有不同的層次。隨著年齡增長，青少年的情緒感受能力發展得更為細緻，對人事物的感受不僅豐富且也多樣化。

3. **差異性**：青少年時期的男生、女生遇到相同的事件時，其情緒感受會有相當大的差異；以負向的情緒體驗來說，少男傾向於憤怒，而少女則傾向於悲傷、害怕。此外，情緒除了會因年齡、性別有所差異，也會因人格特質的不同而有差異，例如，外向的青少年容易被興奮的情緒所感染，內向的青少年則易被憂鬱的情緒所影響。

4. **兩極化**：雖然青少年的自我控制能力漸長，但因身體、心理、社會經驗等各方面的發展未臻成熟，故其情緒表達落差相當大，而常有明顯的兩極化現象。

5. **隱藏性**：隨著心理日漸成熟與社會化的逐漸完成，青少年開始能夠根據現實情境之條件、社會規範或其所欲之目標來表達自己的情緒，以形成外部表情與內部體驗的不一致性。

基於上述的情緒發展特徵，青少年極容易因對人際議題的敏感而產生情緒困擾，例如，少男少女相當在乎自我形象和他人對自己的看法、評價。根據《親子天下》調查發現，「缺乏挫折忍受力」、「缺乏同理心」、「容易發脾氣」，是目前中小學生情緒管理的三大問題（許芳菊，2009）。在實務上，我也屢屢見到，青少年孩子們因無法察覺、處理自身情緒，無法同理他人感受，而被憤怒情緒帶著走的暴衝行為，其結果是後悔莫及的傷人亦自傷。

 情緒對青少年的影響

情緒對個體的影響是全面性的，包括生理、心理及社會等層面。就實務上的觀察，我認為，情緒對青少年最重要的影響通常在人際關係層面。人際互動經常受到情緒的牽引，由於青少年情緒起伏的不穩定性，故其負向情緒會使人際關係產生緊張不安的狀態，導致較長久之友誼關係不易建立，而此種現象特別容易出現在高度焦慮或高度憂鬱者。

　　在個體進入青春期以後，情緒能量的作用力與日俱增。正向的情緒經驗（如快樂、喜悅等）會讓青少年產生平和、滿足的感受，並認為人生充滿希望，也會建立對自己的信心和能力感。反之，負面的情緒體驗（如焦慮、恐懼、憤怒等）容易產生對立與破壞，不但不利於心理上的調適，更可能導致青少年為了逃避挫折而衍生出的自暴自棄狀態。因此，這也是為什麼在輔導工作中，輔導者必須營造出溫暖、接納的晤談氣氛，以醞釀案主正向情緒經驗的產生，進而引導案主認識、面對人我情緒，並學習同理心和溝通技巧，以提升自我的情緒管理能力。

五　情緒管理能力需自幼培養

　　雖然，隨著先天氣質不同，個體的情緒穩定度會有所差異，但如何處理自身情緒，往往是自幼養成的一種習慣或一條學習路徑，這個過程常是自然而然，甚至是無意識的。亦即，孩子從與父母、手足、祖父母等主要照顧者或重要他人的互動經驗中，藉由觀察、感知父母的待人處世態度、思考方式，逐漸形成其情緒管理模式。很多父母都會忘了身教的重要性，只憑語言上的說教來提醒孩子，卻忽略自己的行為表現正做了最有力的示範。

　　再者，父母、師長若要幫助孩子化解情緒，透過傾聽、溝通以了解孩子心情，進而協助其轉換不同的思考角度，縱使要耗費較多時間與耐性，仍是較為有效的方法。父母、師長展現出傾聽和了解的接納態度，孩子會體驗到自己的情緒感受被關照，因而產生一股安全感與價值感，促使其負向情緒的強度慢慢地緩解下

來。只是急就章地告誡孩子不可亂發脾氣，或一味地放任孩子用指責、攻擊的方式發洩情緒，僅會讓其累積更多的負向情緒能量，並養成遷怒、洩憤的習性，相當不利於孩子的人際關係發展。

如何提升青少年的情緒管理能力

現今的臺灣社會，青少年的霸凌、暴力與自傷／自殺問題日趨嚴重，就社會層面而言，媒體取代父母成為孩子學習情緒表達的示範，相互嗆聲、攻訐、惡作劇式的口語互動，已是青少年最習以為常的情緒表達模式；就心理層面而言，這應與青少年情緒起伏大、容易煩躁鬱悶的特質和欠缺情緒管理能力有關。為了減少社會成本的付出，就必須適時地輔導青少年學習情緒管理，以發揮良好的 EQ 能力。

談到管理情緒，勢必先要對情緒有更清楚和正確的認識。感覺是情緒的身體表徵，當情緒／感覺來臨時，我們會感應到身體內一股能量的流動，而這股能量不會因當事人的壓抑、漠視或未能覺知便消失，反而可能轉化為負面破壞的方式起作用，造成當事人在生理、心理暨社會等各方面的不良影響。既然情緒是自然的，那所謂的「管理」就絕非是要去除或壓制情緒，而是要在覺察、分辨情緒後，分析自己的情緒或壓力來源，並學習調整情緒的表達方式，藉此降低人際間的緊張衝突。此外，考量青少年情緒容易發怒、衝動的特質，在從事輔導工作時，一來可運用角色扮演、問題討論等方式引導、培養同理心的形成，使案主能提升辨識、了解和回應他人感覺的能力；再者，可配合「覺察情

緒」、「暫停行動」與深呼吸的活動練習，讓案主能夠逐漸恢復理性思考，使其得以不在憤怒的狀態下做決定或行動。

　　情緒管理是發自內心的智慧，它包含自我覺察、自我控制、自我激勵、富同理心及具備關懷他人、與人合作的社交能力（劉玉玲，2005）。由此可知，情緒管理基本上是從覺察自身的情緒狀態做起，逐步地藉由探索、了解自我內在狀態而擴及知覺他人內在狀態，透過增加自己對人我情緒反應之敏感度，繼而培養正向思考，學習自我激勵與肯定，進而增強對自身情緒的掌控能力（特別是挫折容忍度）及對他人情緒的包容和因應能力。

・許芳菊（2009）。教出好情緒。親子天下，5。
・曹中瑋（1997）。情緒的認識與掌握。學生輔導通訊，51。
・劉玉玲（2005）。青少年發展——危機與轉機。臺北：揚智文化。

一個社工師的喃喃自語：
　　青少年輔導工作手記

第 **8** 話　助人歷程中的情緒覺察、容受與轉化

　面對燙手山芋

　　此刻，我注視著小猛（化名）。晤談椅上的小猛就像一匹受了傷的狼，眼神中充滿了憤怒與敵視，而此非語言的訊息似乎暗示著我，為了保護自己，小猛可以隨時準備反擊。

　　小猛的阿嬤就坐在一旁，眼眶中含著淚，一臉的焦急與無奈。

　　在小猛和阿嬤進入晤談室前，我臨時從保護官那兒得知，小猛出狀況了。目前和姑姑同住的猛，因行為表現與姑姑的期待有落差而發生爭吵，便賭氣跑回阿嬤家，且已兩天沒上學了。由於小猛尚處「觀察」期間，保護官相當不諒解這樣的行為，於是兇了小猛一頓，然後，將之送到我這兒來接受「輔導」。

　　其實，我本責無旁貸，小猛已是我工作了幾次的個案。只是，頃刻間要捧個火藥庫在手上，總覺得有些措手不及。幾分鐘後就必須和小猛碰面，我要做些什麼呢？由於還漫無頭緒，所以，我覺得有點煩躁。轉念間又問自己，這個「煩躁」在告訴我什麼呢？

無名情緒的自我覺察

　　我闔上眼，作了幾個深呼吸，試著讓自己沉澱下來，以便仔細地閱讀自己的心情。嗯！我有生氣、無奈的情緒，一則，氣小猛在「乖」了一陣子後又故態復萌，這好似直接挑戰、否定了我的專業輔導能力與形象，我想，輔導工作者最不願聽到的，大概就是諸如「輔導無效」這類字眼了，畢竟這讓工作者的自尊很受傷。再則，也氣保護官在未事先告知的情況下，就把小猛「推」過來給我，他罵人罵得義正詞嚴、慷慨激昂，我可就要忙著善後。是以，就是這樣的情緒和想法，讓我處在一種焦躁不安的狀態中。

　　身體的感覺訊號，往往是幫助我們察覺內在情緒狀態的重要線索。當內心緊張焦慮、煩躁不安、憤恨難平時，通常會出現肌肉僵硬、呼吸急促、心跳加速、血壓上升等身體反應，並會產生思慮不周、出口傷人的行為表現。覺察情緒是情緒管理的首要步驟，而具破壞性的情緒能量，絕不能只是任其一味地發洩，終歸要回到理性層面予以疏導。

　　照見內在的無名火，我的情緒能量開始安穩下來。我很清楚，若帶著自身的負面情緒進到與案主的關係裡，我只會離案主愈來愈遠，因為那會干擾我了解、貼近案主的內在狀態，甚至在與案主所持觀點不同時，很容易產生帶有攻擊意味的批判或評價。也因此，在接案前，我儘可能會藉由深呼吸讓自己的身體放鬆，再透過覺察、自我對話，讓自己的情緒處在平和、流暢的狀態中。

用同理收納充滿防衛的情緒

　　果然，談話中，只要阿嬤的勸說有著指責或幫姑姑說話的味道，我便能聽到小猛情緒失控的反擊，不是反唇相譏姑姑的不是，就是心不甘、情不願地叫囂出「對啦！對啦！都是我的錯啦！……你們大人都對啦！……」這類毫無反省的對抗式語言。

　　一貫地，我還是放慢步調，透過提問、傾聽、澄清，讓小猛說清楚發生了什麼事，也有機會讓阿嬤核對小猛的訊息。即便身處在小猛的情緒漩渦中，我也必須能「靜」能「定」，因應這股力量對我的撞擊；倘若，我也隨著小猛的情緒起舞，那就可能出現硬碰硬的兩敗俱傷局面。在弄明白事件發生的始末後，繼而，我同理小猛內在的憤怒、委屈與擔心。此時，我覺得最重要的動作，是讓小猛知道我願意且真的能了解他，我的存在是要陪伴他一起走過困難，而非要指責或處罰他。

　　漸漸地，小猛的眼神柔和了下來，呼吸聲也不再那麼沉重，更明顯的是，即便身體仍有些僵硬，但原本緊握的拳頭鬆開了。至此，我可以確認，小猛已逐漸回復理智，亦重新信任、接受我了。

 ## 四兩撥千斤：轉化爆衝的情緒能量

　　在晤談結束前的時間裡，我開始引導小猛去思索他和姑姑的主要爭執點為何、他在氣什麼、姑姑在氣什麼、阿嬤夾在中間在

難過什麼，而他衝動的行為可能為他招致什麼不利的後果。最後，站在小猛的立場，我們討論要確實做些什麼，才能幫助小猛避免來自保護官的法律處分。當回歸到理性討論時，小猛的腦袋也就清醒許多，他開始後悔自己讓阿嬤難過，擔心自己因讓保護官生氣而遭受懲罰，也同意自己造成姑姑生活上的不便。

離開晤談室時，小猛承諾一定回學校上課，且在口語表達方面不會再對姑姑那麼「ㄔㄨㄥˋ」。阿嬤則向我滿口道謝，愁苦的容顏也已轉成笑臉。我輕輕地拍了拍小猛的肩，告訴他「我相信你一定做得到！」

從事青少年輔導工作的人，一定有機會碰到情緒爆衝的案主，但無論多麼強烈的情緒反應，輔導者都要儘可能地不隨之起舞。一旦輔導者的負面情緒也被挑起，兩者間情緒能量的交互作用就會更加糾結。換句話說，無論是案主或輔導者自身的情緒狀態，都需要被輔導者深刻地了解與包容，特別是像憤怒、難過、哀傷及害怕等容易被壓抑、潛藏的情緒。

更重要的是，情緒絕不能被置若罔聞，雖然情緒是相當非理性且具破壞性的，但情緒卻是一股很大的能量，可以驅使人做決定與付諸行動，所以，輔導者無法迴避處理個案的情緒議題。當遭逢案主的負面情緒時，輔導者必須藉由情感反映、同理、接納等方式，引導案主嘗試覺察、表露自己的感覺，進而接受這些感覺，以達到情緒的淨化效果。若案主的情緒能獲得適度的宣洩，其自然會慢慢地平靜、沉澱下來，屆時，案主便能恢復理性思考，而輔導者要引導案主討論情緒事件並接受事實，甚至是催化其產生態度、價值觀或行為的改變，也就不是那麼遙不可及了。

輔導者同理、接納案主的情緒，並非就意味著接受、認可案主的行為，案主是必須承擔自己的行為責任的；只是，情緒若不

先妥善處理，在人不安、心不寧的狀態下，輔導者根本無法引導案主針對事件或問題進行思考。因此，輔導者忽略情緒感覺層面，而太快進入問題解決的步驟，不但無法增加案主的改變動機，更可能因為帶給案主被忽略的感受，而影響到信任關係的建立。

唯有真正懂得案主情緒背後的意涵，輔導者的同理和接納才會有力量，才能與案主產生所謂「人」的連結，並使這份輔導關係發生滋潤的養分。否則，輔導者若困在情緒的風暴中，就難以運作同理、了解及接納，促使案主透過覺察達到情緒降溫，進而能放下防衛，產生較理性的溝通和討論。

一個社工師的喃喃自語：
　　　青少年輔導工作手記

第 **9** 話 「我感受不到你們愛我」：
對青少年家庭工作的系統思考

 叮叮的呼喊

「我是叮叮……我現在感覺真的好有壓力……

幾天前跟我朋友聊……我真的很想跟家裡的人攤牌

跟他們說我的感受希望他們給我些自由

我快喘不過氣了……我保證我會很乖

不讓你們擔心～現在壓力這麼重……

他們愈管我，我愈是想作對～我朋友也說我自從轉學

之後變得很愛哭

以前的我不輕易掉眼淚……現在卻常哭～常生氣

不像是他們認識的叮叮

他們說我現在必須要有人陪在我身邊……聽我訴苦才行

還說我的EQ降低

聽到有點氣（玩的氣）

但是我聽到他們這樣說的時候我還滿開心的

媽媽也沒有帶我去給醫生看

很不舒服耶！！胸口整個痛到受不了

好像死神就在不遠處的感覺～」

（以上是叮叮某日給我的e-mail內容，在徵詢當事人後已同意讓本書使用。）

二　渴望家人認同的叮叮

　　叮叮（化名），一個因逃學逃家和竊盜行為而接受保護管束處分的十四歲少女。

　　叮叮目前就讀國二，這學期剛轉學，原因是為了想有個「全新的開始」，雖然她沒說，但我總覺得，轉學是想逃避些什麼；後來，她又坦露，她對轉學感到後悔！她不喜歡新學校以升學、課業成績為主的氛圍，也很不捨原學校的一些老同學。我問她，有沒有考慮再轉回原學校，她回應「怎可能！」慢慢地，我又多了一些了解，原來，叮叮很害怕別人知道她上法院，她在乎別人看她的眼光，她不希望被標籤為「壞小孩」。

　　叮叮很愛跳舞，很有表演天分……喜歡蔡依林，口語、文字表達能力也都不錯。由於想考公立高中、想唸舞蹈科，當然，更希望獲得家人的肯定，現在滿用心在課業學習上，成績也有很明顯的進步。

　　叮叮喜歡上社區教會，她說教會的團契活動感覺很溫馨、很棒且有人幫她課輔、與她談心，故教會成了叮叮很重要的精神寄託所在。我很高興有這樣的社區資源進入叮叮的生活，對我來說，青少年有愈多的支持系統陪伴，比較不會走得那麼孤單無助！

　　叮叮的雙眉之間經常是緊蹙的，即便是笑起來，眼神也總帶著一抹憂鬱。我感受到，叮叮的心中壓抑著許多氣憤、難過和委屈，我對她說，「妳是不是很氣阿嬤和爸媽不信任妳，也不讓妳自由自在地飛……」，她點點頭，眼淚湧出。叮叮的手上有不少自傷的記號，我問她「痛不痛」，她搖搖頭。在我看來，那些記號是自我否定、覺得自己不被愛的象徵，同時，也是想藉由

「痛」的感覺證明自己還存在，並希望能獲得來自他人的愛與關注。叮叮曾對我抱怨，為什麼媽媽、阿嬤的眼中只有弟弟，從來都看不到她的努力。

至結束輔導關係前，我和叮叮晤談過十次（平均一個月兩次），其中包括了兩次親子聯合晤談（父母和叮叮）；意外的是，還有一次和阿嬤通電話，整整聊了一個小時，除了聊叮叮、聊媳婦、聊兒子、聊自己的苦命，阿嬤也談到希望「慈濟」進入校園，淨化學生心靈。

 ## 來自叮叮家庭的系統工作思考

會想談談叮叮這個案例，乃是覺得無論叮叮或她的家，對我都有些重要意義。按理來說，作為一個以家族治療（family therapy）為工作方法的輔導者，在面對家庭時應是無所疑懼的，更何況這幾年來，我大概已有和近百個家庭一起工作的經驗。但在和叮叮的父母及阿嬤互動過後，我開始收回想與案家進行家庭晤談的想法。坦白說，我有點退縮；我也在探索自己是怎麼了，怎麼在面對這個家的當下，有種動彈不得、提不起勁來工作的挫敗感。

在那一次的親子晤談場景裡，我看到一雙對子女行為問題感到莫可奈何、不知在親職上怎麼合作的父母，也看到一對關係上既合作又衝突的母女。爸爸的心態很消極，好像不太想管事，所以，很多時候在家中的父職是缺席的，而他的理由是「我怕我生起氣來控制不住」。這也等於是告訴我，原來他是要發起脾氣來

才會出手去管教小孩。不過，一個失功能的爸爸，心中一定有股很深沉的害怕，且對自己的能力有很多的質疑，所以「逃避」常常是其因應問題的最佳方式，叮叮就說「爸爸總是躲在電腦裡⋯⋯害弟弟現在也沉迷網路遊戲」。

　　媽媽則從頭到尾是咄咄逼人的抱怨，她怨子女不聽話，怨婆婆干預太多，也怨自己的丈夫不站在自己這邊；不過，我能了解，這樣的抱怨底下，是憤怒、是不甘、是難過、是著急、是無力，但亦蘊藏著很多善意的正向能量，如愛、擔心與關懷。叮叮傳達給我一個很重要的訊息，媽媽加班的時間愈來愈長，返家的時間愈來愈晚，或者真是因為工作所需，想多賺一點錢，但我心中總覺得媽媽是習得無助後的逃避。

　　然後，很要緊的，還有一個不在場的「影武者」──阿嬤。阿嬤在家中管遍大小事，包括叮叮的上下學和媽媽的服裝打扮，是家裡的主要掌權者。阿公戲稱阿嬤是「武則天」，家中大小心有戚戚。和阿嬤通過電話後，我更加確信，阿嬤是那種以維護傳統秩序與道德規範為己任的老太太，總希望幫子孫設定好一條安穩、不出錯的人生路。保護官說，阿嬤其實很疼爸爸，且也很害怕爸爸發脾氣，我也如此相信，我的想像是，這其中有著傳統「母以子貴」的文化情結在，亦即，爸爸是家中的獨子，阿嬤和爸爸的母子關係中蘊含著既控制、指責，又討好、過度保護的矛盾性。這樣糾纏的母子關係型態在華人文化中是很常見的，若用家族治療大師 M. Bowen 的眼光來看，叫做親子間的「未分化」（undifferentiated）狀態；若就 S. Minuchin 的結構詮釋，則是「關係糾結」（enmeshment）。

　　首先，從家庭關係的面向來看，叮叮這個家包括如夫妻、婆媳、親子、祖孫的幾條關係線都出了狀況，常會出現緊張、爭吵

的權力衝突。再者，從結構取向的家庭系統觀點來看，阿嬤已過度滲入到夫妻次系統的界限之內，並且越俎代庖地取代了父母的親職管教角色和責任，換句話說，阿嬤也過度滲入到親子次系統的界限之內。我也看到，叮叮雖心疼媽媽，但有時為了討好阿嬤、對抗媽媽的強勢，也會和阿嬤連成一線指責媽媽；我猜想，叮叮唸小三的弟弟亦復如是。這個弟弟，我認為，有成為家中「小霸王」的潛力。而爸爸，則是處在太太和媽媽權力爭奪（power struggle）中的夾心餅乾。其三，叮叮家中過度僵硬的家庭規則（多半透過阿嬤來傳達、執行）和嚴肅、沉滯的家庭氣氛，係家庭系統封閉的重要指標。封閉的家庭系統運作很容易出現為家庭發出求救信號的「代罪羔羊」，且大多是家中的青少年子女，叮叮不就是很明顯的例子嗎？

　　如上所述，看倌很容易被我的選擇性敘述所引導，認為阿嬤太操控、阿嬤太有權力慾……甚至，阿嬤是這個家所有問題的根源。如果真是這樣，那麼，阿嬤的包袱好沉重！其實，我心中怪罪阿嬤的成分不高，因為，我理解到阿嬤是歷史文化脈絡下的產物，操控和韌性，是三、四〇年代女性常有的特質。阿嬤心中裝滿的，何嘗不是對家人的滿滿善意，與希望這個家好的期待；只是，她僅僅學會用「你們要聽話」這樣的權控方式來對待人，來維持系統的不變和穩定，而這也是最能滿足她內在安全感的方式。其實，叮叮的爸爸、媽媽，甚至我們每一個人又何嘗不是如此呢？只不過，這樣的方式只會讓一個家愈走愈無力、愈走愈絕望，因為封閉的家庭系統往往無法注入新的學習、新的力量，他們害怕改變，只想維持原狀。

　　要去面對這個家庭，要開展這個家的改變工作，其實要挑戰的並非是阿嬤、爸爸、媽媽或叮叮等單獨個人，而是這個家已習

慣了的系統運作，還有我們華人很獨特的家庭文化脈絡。就系統
思維而言，個人從一出生，便生存於家庭的文化背景與互動脈絡
中，其人格和社會化之發展與家庭系統互為影響，形成每個家庭
與個人之獨特性。從事直接服務的助人工作者，在協助個人面對
其社會心理適應問題時，焦點不僅在個人，更含括其處境，所以
經常需與其原生家庭一同工作，一方面探索家庭關係與問題的脈
絡連結，另一方面則動員家人一起來促進家庭結構的真正改變。

換言之，對輔導者來說，論斷家庭成員孰是孰非的意義不
大，因為家庭系統的問題或困境往往是共構形成，而非僅歸因於
一人；難的是，受苦的家庭中誰要先改變，又或是誰想要誰改
變，這成了複雜的權力議題。當有權力的父母或祖父母無法意識
到改變是大家的責任時，孩子就成了「問題」、「麻煩」及必須
被改變的對象，如此一來，這個家就只能繼續困鎖在固有的動力
運作模式裡，每個人都哀怨地動彈不得，甚至包括介入處遇的工
作者，也一樣容易身陷其中。

四　結語

「家庭動力」已是個大家耳熟能詳的專業名詞，卻也是個令
人不太容易理解的概念。它難以理解之處在於，家庭對人之性格
與行為生成的影響本既深且遠，但一般人碰到行為問題時，總會
習慣性地採線性邏輯思考方式來因應，亦即「頭痛醫頭，腳痛醫
腳」，希望急就章地快把問題解決，故常見不到外顯行為的背
後，其實潛隱著相當深沉、複雜的促動力量，而家庭在這股促動

力量中正居於十分核心的位置。再者，華人長久以來便存在著「家醜不可外揚」的價值觀，因此，大部分人都不太願意談論家庭的困境或難堪；同時，華人的孝道文化與強調長幼有序的倫理規範，強悍地固守著父母的權威，皆在在增加了家庭工作或家族治療在華人社會開展時的難度。

　　近年來，隨著工商業蓬勃發展與都市化的盛行，受到此社會環境急遽變遷的衝擊，家庭的樣貌在臺灣已產生結構性的改變，例如：家庭結構的核心化趨勢、傳統家庭功能的式微、家庭的社會支持網絡減弱、少子化、雙薪家庭增多、離婚率倍增等現象。在實務工作場域中，我觀察到，犯罪或虞犯少年往往來自如是的家庭：家人間的關係冷淡、疏遠；家庭互動充滿抱怨、指責，甚至是暴力；溝通方式曖昧、不一致；家庭欠缺規則、秩序；夫妻關係本身出現問題；以及父母管教態度矛盾，經常游移在過度寵溺或過度嚴苛之間。也因此，我們已經見到由於家庭型態與家庭生活的變遷，導致青少年產生發展上的挫折、壓力、對家的疏離感與冷漠，進而發生適應問題及偏差行為。因此，從事青少年輔導工作時，我們服務的對象將不僅僅是個體，更必須把家庭的關鍵影響力也納入考量，設法從親子關係的改變入手，如此方能提高青少年處遇介入的工作效能。

　　青少年階段出現的非行，往往有其發展與適應上的意義，特別與環境的刺激有關，而父母管教、家庭規範與學校教育功能的弱化、同儕的影響等，均是導致少年產生偏差行為的關鍵。從事青少年輔導工作時，父母與家庭的力量是工作者不可忽視的，亦即，工作者應當讓案父母體認到，縱使在管教上充滿失望、憤怒、無力感，但其對子女有著無可迴避的撫養照顧之責，不可輕言放棄。工作者應適時讓父母了解，青少年有時看似已與成人無

異，實則仍需要一個能感受到愛、安全、支持及規範的發展環境，讓少年們在其內學習自我控制、做決定和解決問題，形成正面的信念、態度和價值觀，並在生活中產生現實感和責任感。工作者可以是父母管教上的助力，卻不宜淪為家長的傳聲筒或管教權的代行者。

當父母束手無策時，輔導工作者必須引導或協助父母思考、執行處理青少年子女心理困擾或行為問題的具體措施，此一過程有「培力」（empower）的功用：其一，讓父母逐漸感受到在面對孩子的問題時，自己並非全然無用武之地，以提升其作為管教者的效能感與價值感；其二，父母必須理解到，管教子女仍是自身的責任，無法完全假他人之手。或者，是為了管教上的省時省力，又或者是父母本身的內在情感議題，父母常會無視於孩子已經「長大」的事實，故而沒有因應孩子發展上的需要，在管教態度或方式上作適度的調整，試問，不知變通地用管教兒童的方法或規則來管教青少年，難道會是合理、有效果的嗎？

在著手青少年輔導工作的同時，我經常邀請家長來談，並嘗試帶入親職教育輔導的部分。孩子必須能感受到愛和限制同時並存在父母身上，父母也必須有機會學習如何傾聽、溝通和對孩子說「不」，故我會利用說明、肢體雕塑、角色扮演、對話練習，讓家長覺察到自己和孩子間的互動模式，亦促使家長嘗試用溫和而理性的態度表達他們對孩子的感受，盡量避免情緒性的指責或否定態度。或許，有些家長會一直抗拒，也有某些家長覺得剛開始用起來很不自然，但只要願意開始，就有改善的可能性。我的經驗是，當人有改變的意願或動機時，情感面就會變得較為柔軟、較能同理他人，此乃進入面對、處理人際問題的契機。

第10話

翼之墜落：一個逃家逃學少女的輔導紀事與省思

對我來說，
少年的逃學逃家行為從來就不是個體理性選擇的結果，
它更像是一種對失望權威或不合理體制的抗爭。
換句話說，
它是人與其外在環境共構下的產物，甚至，
環境（家庭、學校、社區、社會文化等社會化機制）對
行為促成的責任，
實遠大於個體本身。

 ## 「逃」與「等」

看著眼前蒼翠的山色，一隻不知名的白羽飛鳥展翅劃過眼簾，心裡突然有了一股觸動，我想起我的個案小翼（化名）。接案至今，已有一段不算短的時日，但我和小翼談話的次數卻不多，這是因為有頗長的時間，小翼都處在「逃」的狀態，所以，我也只能杵在「等」的狀態，而家人和保護官則是「尋尋覓覓」的狀態。

等的滋味，其實是滿無奈的，因為，什麼也不能做，結局似乎就已經注定了。我反而較能坦然接受努力過後的失敗，縱使個案的輔導成效不理想，但我相信，自己總能把一份誠摯的善意傳

達給案主。

而逃的人狀態又如何呢？我想，心中有一股很深的不安與害怕吧！因為，迷失方向，掌握不到當下，也看不到未來，就只能過一天算一天地隨波逐流，那種對生命的不確定感和空虛，是很折磨人的。

 ## 晤談室中短暫停留的小翼

在五次的晤談裡，慢慢地，我對小翼有了比較深的認識，而小翼也很願意跟我說一些她的私密。小翼曾對我表示，覺得我是一個「不錯」的老師，我問她「不錯」是什麼，她也說不太上來，便回應「就是和學校的老師不一樣咩」。後來，我自己想想，這個「不錯」的評價，大概是意涵著我願意聽她說，而且，也聽得懂她說的。

前三次在法院裡的晤談，都是案叔接送小翼前來。我問「爸爸呢？」案叔支吾其詞，但由此可知，案父的親職功能是薄弱的。剛開始，我想從案叔處多了解小翼一些，卻發現案叔所知有限，只是一味地希望法院不要把小翼送感化。經過一番澄清，案叔才比較清楚，感化是法院為了保護少年所不得不為的手段，目的不在懲罰。而接續的二次晤談，在徵得小翼和案叔同意後，我選擇前往學校輔導室進行晤談，以期明瞭小翼在校的適應情形。

在到校輔導的經驗中，我覺得有意思的是，當有強制力的法院介入處理少年偏差行為時，學校老師往往好像溺水者抓到浮木一般，企盼法院來幫他們解決少年的問題行為，或者壓制少年使

其聽話、好管。這似乎意味著，我們的學校教育還跳脫不出威權主義色彩，總希望學生順從、循規蹈矩、不要標新立異。我認為，這也是學校輔導很難向下扎根的原因。

　　小翼的長相並不突出，但她有話直說的大喇喇個性，卻是一種滿吸引人的特質，所以她的身邊不乏朋友。她很有自信地告訴我，她在同儕群體中很吃得開，我相當心領神會，和這些朋友的交情，好像已成為她此刻存在的證明。是以，現階段她很難跳脫出這個關係網絡，去探索她生命裡的陷落。

三　困住小翼的籠子

　　為什麼用「陷落」來描寫小翼呢？我把陷落視為是一種無明的生命狀態，亦即，當一個人不願或不能明白我為何是我、我如何是我，以及我要成為什麼樣的我時，生命是茫亂而躁動的，能量皆因沒有方向的空轉而虛耗，我遇到很多少年個案的生命狀態都是如此。然而，青少年這種發展上的陷落狀態，與其在家庭、學校情境中的適應問題有關。

　　孩子的問題行為，往往是對其所處之問題環境的反動，行為的本身或許失序、偏差、難以被原諒，但行為的背後，總是潛藏著孩子欲滿足渴望、期待及需求卻不可得的失落、憤怒和難過。很多家長與老師是關心孩子的，但因為傳達關心的方式常用叨唸、責備，語言中常帶著貶抑、羞辱，故孩子不僅感受不到關心，更可能因傷害到孩子的自尊，激起其採防衛、對抗姿態並敬而遠之。這完全失去了管教的意義和正向情感的滋潤力量。

談到家，小翼的情緒是埋怨且憤怒的，對她而言，家就像一個困住她的籠子。因此，有機會她就要飛，飛到一個她覺得自由自在的地方；而網路幫她完成了這個願望，透過網路，小翼連結到完全不同的人際世界，給她帶來快樂、帶來勇氣，卻也給她帶來危險。

小翼和爸爸常起衝突，她很直接地表示，「我討厭他，他憑什麼管我……他自己還不是吸毒去坐牢……當他女兒很丟臉。」問到媽媽時，小翼則不置可否，似乎，媽媽離她太遙遠了。我發自直覺地問她，「妳是不是還會離開家？」她想了一下後，點點頭說「會。」

我是如此觀想小翼逃家逃學行為下的內在狀態：父母在情感上的長期缺席和來自家人（祖母、父親、叔叔等）叨念、打罵式的管教情境，一來讓小翼有著渴望權威之愛和關懷的心理需求，二來卻又產生追求獨立、自由，以至想抗拒權威靠近、管束的矛盾心態。小翼在人際互動中，其實對人有很深的不信任感，但渴望被愛和被看見的隸屬需求，驅動小翼盲目地往同儕和異性的情誼中尋求慰藉。在這一推一拉之間，小翼飛出了這個讓她不快樂的家和很無趣的學校，家庭和學校的規範力量，則薄弱得像是只能嚇唬人的紙老虎。

飛翔終須墜落

撰寫文章的同時，小翼還在外面世界恣意地飛翔，享受屬於她不受拘束的快樂。但我知道，總有一刻，她勢必墜落，因為，

她終究要重回社會控制的軌道下，無論用的是法律的強制力量或時間的成熟機制。只是，在這段接觸小翼的期間，我看見了小翼的掙扎、案叔的無奈、學校輔導老師的無力，以及整個支持系統的束手無策；我不禁慨嘆，少年逃學逃家的行為背後，其實隱含著家庭系統、學校教育系統，甚至是大社會環境系統出了問題，但習慣問題解決的我們，通常只聚焦、著力在處理個案看得見的行為，卻忽略了那隻潛藏在後、始終讓人難以洞見的系統黑手。

一個社工師的喃喃自語：
青少年輔導工作手記

第 **11** 話 星光熠熠耀夜空：
辦理青少年輔導活動的意義追尋

 每個少年都有可能是一顆光芒耀眼的星

連續兩年，我辦理了高雄少年法院兩屆的「星光少年」才藝競賽，說實在，勞心勞力、滿累人的，因為從籌劃到執行，「哩哩叩叩」的繁瑣事務還真不少。以往，我所帶領的幾乎是輔導諮商性質的小團體或工作坊，較少承辦參與者眾的輔導活動；不過，我打從心裡喜愛「星光少年」這個輔導活動，它讓我看到少年平素從未顯露的才能，於是，我願相信，只要有舞台，少年就有可能發光、成為希望之星。另外，它也讓我開始去思索，辦理輔導活動的深層意義為何。

當然，活動能夠辦成，絕非一人之功，那是一整個工作團隊協調、合作的結果，我相當感謝少院院長、庭長、法官、處長、書記官長及調保處、總務科、文書科的工作同仁，沒有大家的支持與配合，這個活動的成果不會如此豐碩，過程不會如此順暢。

 活動參與即是「培力」的過程

究竟喜愛這個活動什麼呢？不就是一個比賽嘛！或許，在大多數人的眼中是如此看待「星光少年」，但在我心裡，它有更深

一層的意義。我一直認為，星光少年才藝競賽是一個「發掘」與「認同」的培力過程，亦即，藉由參與賽事的過程，幫助觸法少年發掘自己的才能、優勢和勇氣，以獲致一種對生命的控制感與能動性，進而促使少年認同自己的價值與存在。當個體步入青少年階段，開始會發問一連串與自我認同（self identity）有關的生命課題，諸如「我是誰？」「我有能力嗎？」「我受歡迎嗎？」及「我值得被愛嗎？」等。在蒐集答案的過程中，孩子從與重要他人的互動中逐漸認識、建構自我。換言之，父母、手足、師長、同儕等重要他人的回饋與對待，猶如青少年成長歷程中的一面鏡子，幫助少年們照見自己、評價自我。因此，青少年相當敏感並在意他人的眼光，也期待受到來自外在環境的肯定、認同，而矛盾的是，青少年往往「渴望」被看見，卻又「害怕」被看見，於是，常擺出一副無所謂、漫不經心的姿態，來掩飾自身其實頗為在意外界評價的心情。故在輔導青少年時，思考如何創造出一個激勵成長、促使行動以提升案主自我價值感的正向力量情境，就成為輔導工作的主要目標。

　　前來法院接受保護處分的少年，多半學習與成就動機都不高，這與其成長環境中多半充滿叨唸、指責、批評、否定的負面訊息，而欠缺如肯定、支持、讚賞、鼓勵、接納、尊重等正向回饋（positive feedback）有關，致使少年因缺乏成功經驗而看不到自己的能力，故自信心與自我價值感相當低落。一旦質疑自己的能力，少年就容易裹足不前、害怕行動，從而又掉進自我否定、貶抑的惡性循環裡。因此，無論是晤談性質的個別輔導，還是人數眾多的輔導活動辦理，如何引導少年「看見」自己、「發現」自己，進而「肯定」自己、「接納」自己，不再頹廢消極、自暴自棄，就成為青少年輔導工作的實質內涵。

潛能無限：是不願嘗試而非沒有能力

　　在星光少年的活動歷程中，藉由書寫、美術創作、歌舞展演等作品型態，少年得以將「自我」呈現於其內；或許，部分少年的參賽態度是敷衍、草率的，但我也親眼目睹許多少年在創作、展演時的投入、熱情揮灑。每每，當我從保護官手中接獲少年作品時，端詳那圖畫世界裡的配色和構圖，心中總浮現出驚艷和悸動；因為，透過作品，我看到了少年的想像與創意，也藉此連結了少年的生命力量。其實，他們是不「願」，而非不「能」，只要幫他們營造出一個舞台空間，少年就會有發光發亮的可能性。

　　星光少年才藝競賽的終點，是成果發表與頒獎典禮，這是整個活動最畫龍點睛的地方。一來，少年本身及其展演的作品，成為眾人目光的焦點，藉著外在情境的掌聲與肯定，無形中提升少年的能力感與自信心；二來，從少年法院長官處接獲獎勵，對少年而言是難得的殊榮；第三，在舞台上，我總會請少年分享其獲獎的感受，進而幫助他們統整參賽的意義，請少年要珍視自己的能力。當下，擔任典禮主持人的我，捕捉到少年眼中閃耀出的喜悅與神采，而就是這份神采，讓我覺得身為活動承辦人的辛苦，值得了！

尾聲：讓青少年輔導工作「動」起來

　　從事輔導工作多年後，除了藉由語言互動的靜態形式外，我也嘗試加入一些不同的媒材或方法，讓輔導能夠「動」起來。我想，青少年本來就到了一個活力充沛、欲開始探索外在世界的年紀，故輔導不宜只侷限在對談形式或小小的晤談空間內，應可走出戶外或結合動態的實踐型態，讓青少年從動的過程中感受到生命的力量與存在感。譬如，我在個別與小團體輔導中融入藝術創作活動，透過案主作品的具象呈現，引導其連結內在自我狀態，此種方式較言語晤談更能促使少年產生自我揭露，亦更能聚焦於內在感受的覺察。所以，青少年輔導工作從靜態轉為動態，從單一趨向多元，應會是一種發展趨勢。國內目前新興的一些表達性治療取向或體驗性輔導活動，如遊戲、沙遊、繪畫、藝術創作、舞蹈、音樂、戲劇、園藝、探索體驗教育等，其應用性已開始受到青少年實務工作者的重視，也正應驗了我的想法。

　　星光少年頒獎典禮結束後的夜晚，騎著機車，伴隨皎潔月色，悠然踏上歸途。抬頭仰望星空，突然覺得，天際閃閃的星光，幻化成了一個個獲獎少年的眼神，那麼自信而充滿希望。

第12話　新竹少年殺人事件後的省思：勿讓中輟＝中挫＝中錯

一　令人沉痛的少年殺人事件

日前，驚聞新竹地區發生「酒後少年群毆碩士致死」事件，其中還有中輟生參與，作為一個少年輔導工作者，心中沉痛之情油然而生。這些犯案的青少年，可能只因受不了旁人「好奇」、「質疑」或「嘲弄」的眼光（更何況，負面的感受往往僅是少年自身的情緒投射或想像），於是覺得自尊心受損了、別人在挑釁自己，故基於一時的憤忿而動手施暴。

或許是酒精的催化，又或者是人多勢眾的壯膽效果，這群青少年帶著暴衝情緒動手時，卻忽略了團體施暴的手段因「匿名」和「責任分散」效應而更加粗殘，也使行為後果發生出乎意料的嚴重性，一個人的性命就這樣被剝奪，同時也擊垮了好幾個家庭，並震驚了臺灣社會。

二　中輟＝中挫＝中錯

近年來，中輟生常被視為社會問題的製造者，新聞報導中不時可見中輟生與暴力鬥毆、飆車、毒品、性侵、幫派組織及網路沉迷等非行或犯罪劃上等號，是以，「中輟」已成污名。當孩子

成為中輟生，社會大眾第一時間連結的，常常是孩子的性格與行為問題，並泛道德化地去指控、批判孩子的錯，而非關注他們在生活適應上或與外在環境的互動上出了什麼問題。故中輟儼然是一種「標籤」，甚至是一種揮之不去的「烙印」，一旦被貼上、烙上，不僅意味著孩子容易成為生存情境中眾人指責、非難的焦點，更會影響到孩子對自我的看法和評價，久而久之，導致其產生自暴自棄的生活態度，以及更可怕的，對這個世界的仇視、報復情緒。

作為一種社會問題的表徵，教育體系裡的中輟現象能給我們一些正向的警示。一者，中輟行為往往代表著孩子在生活及學習適應上遭遇到挫折，而採用逃避的機制來因應；故當孩子初現逃學狀況時，家長與校方就應注意孩子是否有學校適應上的問題，並及早介入處理、協助。造成孩子逃學的原因相當複雜，比如家庭生活、親子關係、學習方法與態度、課業成績、師生與同儕互動、網路沉迷等因素，都可能交互地影響逃學行為產生。

再者，很多時候，我們都忘記，在成人的世界裡，青少年其實是弱勢，縱然外表看來囂張跋扈、張牙舞爪，但他們並沒有權力來界定自己是誰，能擁有些什麼。在升學、文憑主義掛帥的傳統教育思維裡，常常功課不好就等於一無是處，整個人是被全盤否定的；換句話說，這無形中在暗示孩子沒有第二條路，不會讀書就好像是犯了一種注定沒有前途的錯誤。在如此欠缺尊重多元的教育氛圍下，很多成績不佳的孩子便很難從學習歷程產生自我肯定與認同，而欠缺自信也就欠缺行動的勇氣，因此，孩子害怕跨出探索外在世界的第一步，更遑論要立定志向、追求遠大的夢想了。故，中輟現象突顯出，我們的教育和社會太容易忽略孩子的個別差異與特殊興趣、能力，而教育的目的過於功利、現實、

強調結果及重視對社會期待的符應，卻失去對孩子需求的敏感和照顧，相當欠缺一份傳達溫柔、同理與接納的人性關懷。

 ## 當心理輔導介入中輟處遇……

　　在當前「追回中輟生、一個不能少」的教育政策下，學校訓輔人員被託付了要把中輟生找回並留在校園的重責大任。但由於中輟問題成因的複雜、多元，使得輔導人員必須承擔龐雜繁重的業務，例如：心理輔導、生活輔導、追蹤輔導、復學安置、承辦適性教育課程、資源班，以及其他教學行政事項等，致使其工作角色的負荷沉重異常，也導致輔導工作陷入因無法專精而成效不彰的窘境。

　　此外，當輔導人員介入中輟生處遇時，因希望孩子逃學曠課的脫序行為能儘快改善，總習慣聚焦於問題行為的矯正，想方設法地要對症下藥，卻鮮少貼近、連結這群孩子的內在狀態，專注而深入地去了解他們在想什麼、感受什麼、期待什麼與渴求什麼。人際間的交往從了解、尊重開始，關係的形成本非一朝一夕，輔導工作中的信任關係更是如此；況且，中輟個案泰半屬非自願來談性質，對晤談的參與多半是冷漠、被動、敷衍或陽奉陰違的抗拒心態。若急著把心理輔導的焦點放在「問題解決」而非「人的感知」，無異是只圖尺寸之功般地見樹不見林，也讓孩子因感受不到輔導者的善意，而使心的距離愈來愈遙遠。長久以來，我們的社會環境似乎對孩子欠缺善意，在日常互動中，常用「我都是為你好」來包裝，骨子裡則充滿挑剔、責備，甚至否

定；總希望孩子有好成績、好表現，但很少用心發現孩子的興趣、能力何在。

　　功利、速成的單一教育價值，讓孩子容易在成長過程中失去存在的價值和勇氣，同時，也衍生出對環境的憤怒和恨意。教育成了篩選工具，分類出「好孩子」和「壞孩子」，好孩子為獲得認同，順應權威而壓抑自我；壞孩子為尋求認同，則用反抗權威來突顯自我，落得傷痕累累。作為一個輔導者，我期許青少年要能為自身的行為負責，但這般期許的背後，並非僅是利用威權予以處罰、嚇阻，而是要引導青少年透過思索、反省行為後果並學習承擔的過程，藉此來確認其改變的主動性、成長的意義，並獲得正向的生活經驗，使少年日後能憑藉自我的力量管理自己、督促自己。輔導如同教養，在陪伴孩子的旅程中，設定規範、帶來希望、給予支持，讓他有力量反省自己、重新選擇、行動，遠比把目標放在解決問題行為重要。

 ## 結語：要改變的是個人，也是環境

　　社會環境的急遽變遷與複雜，使處理青少年問題的挑戰性和困難度愈來愈高，中輟問題也一如許多青少年社會問題，雖然工作對象是個案，但工作者有時就像是與外在環境拔河、對抗，如果一直停留在單打獨鬥式的工作思考，不知與相關社會資源聯繫、合作，嘗試建構起以個案或案家為中心的處遇團隊，便極容易在工作過程中產生疲憊與挫敗。另外，就生態系統理論來看，如同中輟般的青少年問題，其反映出的乃是功能弱化或失功能的

家庭教養、學校教育、社會教化等機制。非行少年自然要為其犯行受到刑責，但罪咎之餘，也請莫忘檢討，我們所塑造的環境是否正令孩子們更感迷惘、挫折，更把自己的存在視為錯誤而逐漸放棄自己。

 前言：個案的不幸與幸

　　自始至終，我都不是個案小翔（化名）的主要處遇者，本文的撰寫乃是緣於觀察一個少年司法工作團隊的處遇歷程有感而發。數個月來，看著工作團隊的成員們，包括：法院裡的 C 法官、Z 保護官、K 心理師，還有某精神醫療團隊（代號「V 醫院」），以及某成人戒毒機構（代號「P 輔導所」）、P 輔導所附設之少年安置機構（代號「I 機構」）之工作同仁等，一路牽引、護持著個案。此時此刻，我對小翔人生際遇的不幸與幸，依舊有著十分複雜的觸動，這份感受中既有著心疼和不捨，也有著開心和祝福。

　　是何等不幸，讓小翔沒能從原生家庭受到足夠的關注與照顧，以致其生命猶如無根的浮萍，四處飄泊？

　　又是何其幸運，讓進入少年司法體系的小翔，能夠透過司法、醫療、社政及安置等數個系統的通力合作，因逐漸尋求到生活上的穩定、心理上的安適，而能一點一滴的成長、茁壯！

　　老子說：「天之道，損有餘而補不足。」我想，強調「調整環境，矯治性格，以健全少年自我成長」的現行少年司法處遇精神，好像就在做這樣平衡不幸與幸運的事！而我所擁有的社工系統觀，其核心精神不恰是如此嗎？人是環境的產物，人無時無刻不與外在情境互動、交流，故某種程度上，一旦生存環境出了問

題，人便很難不受其負面影響。因此，除了個體內在自我力量的增強外，藉由修復外在環境的支持性功能，使其發揮對個體的輔助效能，不正是社會工作的系統思維與實務關懷所在？

 我看個案的改變

處遇期間，我數度偕同 Z 保護官、K 心理師前往 P 輔導所探視小翔，也幾度與 P 輔導所、I 機構的工作同仁商談對個案的處遇理念和計畫。幾次的往返，令人振奮地，我從小翔認真而自信的眼神及對香草植栽工作的投入，益加肯定其正在萌芽的改變；同時，讓我更為感動的是，這個透過 C 法官針對個案發展需求所整合出的處遇團隊，當中的每一份子都克盡其職、全心付出。

誠如 P 輔導所 W 主任所說，安置機構的初衷，只是希望讓一個從小到大總是被忽略的孩子感受到愛和關懷、尊重與接納。而我亦相信，正是整個處遇團隊的用心以對，創造出一種心理治療上所謂「涵容」（contain）的改變氛圍，讓小翔得以感受到溫暖、信任與隸屬，才使這顆原本無依、躁動的心漸漸柔軟、沉靜下來，並朝著成長之路一步步地邁進。

這段從旁觀察的過程，我特別要提到三個影響個案改變的重要機制，而要說明的是，我的觀察係從「心理動力」觀點出發：

其一，作為一個案件審理者，C 法官對小翔展現出「不放棄」的決心，而這個歷程傳達給個案的，乃是以案主為中心的無條件接納、關注。信手翻翻小翔以往的紀錄，從竊盜、逃學逃

家、成癮行為到逃離前少年安置機構等非行印記，我想，這本是難逃感化教育的命運！但 C 法官卻沒有被小翔的「挑釁」打倒，反而是用一種嚴肅卻溫和的關懷態度在協助、激勵個案，讓這個孩子得以中止一直不被重視的感受。就我來看，C 法官無疑扮演了一種正向的父權典範，而當這樣的法官角色出現在小翔的生命中時，乃是令小翔對「人」重新產生信任、對「環境」感受到安穩的開始。

再者，作為一個心理師，K 每週規律地遠道前往 P 輔導所與小翔進行個別晤談。藉由治療情境的建構、信任關係的建立，循序地引導小翔在想法和行為上作一步步的調整和修正，讓案主能從防衛、衝動的性格型態走出，不斷地反省自己在行為表現上的缺失，並逐漸增加對自己的信心。此外，Z 保護官居中媒合香草植栽工作與個案的興趣，亦使個案在類似職能治療的過程中，發掘了自己的能力感和行動力，進而擴大了整個治療處遇的效益。

其三，小翔的「不再逃」，在其行為改變上具有非常重要的象徵性意義，而此與案主自身的內在動力及 P 輔導所中的人際互動關係有關，此部分待走筆至安置機構的功能時再行論述。

站在系統的角度看待個案，我認為，個案的改變因素往往很複雜，也很少是單一因素在起作用，故不同面向的處遇介入皆有其正面功能，而治療性的心理晤談介入，是其中一種促動個案從內在產生變化，且較結構化、較具象徵意義的專業方式。我相信，從事助人實務的工作者始終不可忘卻的是，個案所處環境的巨大模塑力和個案本身的力量就是促使其改變的重要資源。我在個案身上看到的，不僅是環境的絕對操控，更是十分令人驚歎的成長潛能！

三 我看個案的困境

　　截至目前，我相當肯定小翔的正向轉變，也對其未來的成長抱著希望和期待，但出自本身的心理專業想像，我對小翔仍抱有另一層的擔憂。當然，這樣的擔心或許過慮，也可能有我主觀判斷上的謬誤，就當作是一種實務上的討論與分享吧！

　　由於成長環境（特別是原生家庭）的不利，小翔自幼便是一個對生存時空缺乏安全和信任的孩子，而這樣的孩子基本上對自我的存在（就是指「活著」這件事）有著很深的不確定性，為了藉由填補內在心理需求的匱乏以證明自己的存在價值，往往很容易發展出因要克服自卑而想掌控、操弄外在情境的人際互動型態。要澄清的是，這並非病態，乃是個體普遍地為求生存所衍生出的心理機制，故沒有絕對的好或壞，只是程度上的差異而已。

　　從此種動力取向的脈絡來加以推論個案之人際關係，我很擔心小翔容易產生兩種人際困境：第一個困境是難以與人建立較深刻的友誼或親密關係，另外一個則是權力爭奪議題。其實，這兩者常是一體的兩面。我的想像是，小翔在面對權威（長輩）時，容易出現順從、討好的互動姿態，而在與同儕（平輩）相處時，就可能想「當老大」，並有凌駕、使喚較弱一方的心態。換句話說，小翔可能不太容易和同儕平和共處，卻容易在年齡較長的成人世界裡「混」得開。此種過度社會化與早熟世故的人際互動型態，若不藉由治療性心理晤談的介入，引導案主加以洞察、改變，將在日後帶給小翔的負面影響是，威權性格的形成及內（弱）外（強）不一致的自我狀態，進而導致更多的行為或心理

層面問題，如情緒失控、暴力或人際關係的疏離（糾纏）等。

我看安置機構的功能和限制

　　雖有「事後孔明」的味道，但現在看來，小翔當初進 P 輔導所實在是一種「機緣」（chance）。照常理判斷，小翔原本可能入住的機構，應該是安置少年的 I 機構，然卻因考量物質成癮的戒治問題，而被放到運用宗教信仰力量協助成人戒癮的 P 輔導所。幾個月下來，小翔不但沒有逃離機構，對這個不期而遇的地方，他似乎如魚得水，適應得很不錯。

　　對於 P 輔導所和小翔間的「適配」，我還是作心理動力式的詮釋。首先，P 輔導所係一個成人世界，在這些成人的眼中，小翔不折不扣是個「囝仔」，故機構裡的大人們無形中對其醞釀出疼惜、教導以及忍讓的人際互動氛圍，也就是這樣的地利因素，使小翔在現階段免去了可能和同儕相處時所會發生的權力衝突關係；否則，光是與同儕間的衝突、摩擦以及可能隨之而來的與管理人員發生頂撞、對抗，就可能成為小翔選擇離開機構的人際壓力源。

　　其次，我實在不能不肯定 P 輔導所的工作同仁們（特別是與小翔同房的生輔員 H），是他們如同親人、弟兄般地對待小翔，使其人際互動中充滿了陪伴、了解、接納與規勸的正向關係品質，方能使 P 輔導所成為小翔生命中另一個情感歸依並得以穩定、規律生活的地方。故 P 輔導所對小翔來說，不是一個沒有圍牆的牢籠，而是一個充滿情感牽絆的避風港，這個地方樸實

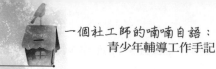

無華地賦予小翔嶄新的生命意義和自我認同。

由於 P 輔導所欠缺少年就學的機制，是以，I 機構目前所扮演的角色，乃係協助小翔作漸進式的復學（每週兩個上午小翔到 I 機構進行課業學習）。其實，這段期間觀察下來，我自己也無法明瞭，究竟小翔是持續留在 P 輔導所合適？抑或是在某個時間點後轉換到以安置少年為主的 I 機構合適？因為，無論是哪一種選擇，似乎都有利有弊、有得有失。從發展的觀點考量，我自己雖然較屬意小翔能轉換至 I 機構；但，我也不得不思考，作為一個屬性不同於 P 輔導所的少年安置處所，I 機構是否具備一個良好助人系統所應擁有的開放性、穩定性、專業性及成長性等特質，這其中包含了穩定的人事行政制度、足夠的專業人力和空間設施、成熟的專業理念和能力、完善的督導制度、充分的資源連結與運用，以及特別針對青少年發展階段所擬定的處遇方案或輔導計畫等。

必須澄清的是，我這麼說，並無絲毫指責或批評 I 機構的意思，反之，有的更是一份對機構的高度期許和鼓勵。由於經常和少年安置機構互動，亦深知機構管理的不易與耗神，只是我一向認為，少年事件處理法中的「安置輔導」，其實質意涵應首重在「輔導」而非「安置」；倘若僅有「安置」的思維，那這個司法處遇所欲發揮的積極性功能勢必受限，亦無從區辨出其與兒少福利法之安置措施的差異。

結語：盡人事、聽天命，誰也無法預測未來！

　　從事輔導工作愈久，愈有這樣的領悟和體會：身為一個助人者，我能夠設法提升或增加的，是個案改變的動機或意願，也就是說，我施力的點聚焦在拉抬個案改變的可能性；至於個案最終能否改變，決定權乃操之於個案自身。縱然對案主的苦得以感同身受，但仍需接受案主得為他的任何選擇付出代價，而這是每個存在主體逃無可逃的責任。

　　於是乎，我愛極了中國人這句既不消極、也不執著的古話：「盡人事、聽天命」。背負專業之名，所求的是晤談室中那份改變得以發生的可能性，而非必然性；必然，表徵著可預知的未來，這是神的工作，對我而言實是遙不可及。正因清楚背負著專業的有限，才能悠遊於人心之間，一方面接受、欣賞自己的不足與缺憾，另一方面則感通於人性的正反力量和美醜善惡。

　　最後，想做的，也似乎只能這麼做，是給予個案祝福！而這個祝福裡面也灌注著許多的希望和期許，畢竟，無論是對個案或處遇團隊來說，此時此刻似乎還只是開頭，而非劃下句點。

第14話

一個個無限可能的消逝：
談心理衛生教育與助人服務社區化的重要性

 悼

　　幾天前，年僅二十歲的媽媽捶死了自己才兩個月大的嬰孩。

　　幾天後，疑似患有躁鬱症的母親悶死了自己的九歲幼童後，上吊自盡。

　　一件又一件的人間悲劇，一條又一條正茁壯而充滿希望的小生命無聲逝去。閱讀著新聞報導文字的同時，身為人父的我心中有著深沉地哀慟。

　　年輕媽媽的憤怒與失控，憂鬱母親的無力與絕望，兩股極具破壞性的情緒能量，奪走了兩個來不及長大的無限可能，絲毫沒有留下任何開展、豐富自我生命的餘地。然這樣的故事情節不會是第一幕，更不會是落幕。

　　聽聞虐殺幼子的訊息，社會大眾對加害者（母或父）若非千夫所指，就是口誅筆伐。大概很少人會去注意到這樣令人非議的行為背後，往往隱藏著一段不和諧的婚姻關係、一個失去彼此照顧和支持的家庭，以及一顆渴望被了解、被關懷、被愛的受傷心靈。

　　當一顆顆受傷的心靈求助無門時，隨之而來的，可能就是怨懟、仇恨與毀滅。故可以努力的部分是，如何在不幸發生之前，設法讓壓垮駱駝的最後一根稻草消失，或讓駱駝擁有更大的抗壓力。

我不禁想，如果新聞報導中的這兩位女性在要親手結束自己孕育的生命之前，能夠主動求助，且就近有心理、諮商輔導或社工等專業工作者予以協助，以緩解當事人的危機壓力，那這樣人命關天的慘劇是否還會發生？

 審視華人文化的求助行為

　　近來年，因專業證照制度的立法確立，使社工、心理、諮商等助人專業逐漸受到社會大眾的認識與重視，也有愈來愈多的人在遭逢生活困境或心理困擾時，願意主動向專業助人者尋求協助，作為專業助人體系中的一員，我認為此種現象是相當可喜的。因為，求助的時間點愈早，一則顯示求助者有較強的主動性和改變動機，再則，求助者之困擾或問題的複雜和嚴重程度也較不那麼棘手，故專業工作者在介入時更可收事半功倍之效。不過，就我觀察，民眾求助助人專業的行為仍較普及於大都會區，我想，這與教育程度及知識水平的高低，以及助人資源的可接近與否有關。畢竟，受限於人口多寡的結構條件，都會較之於鄉村，可使用的心理衛生資源在量與質上均有相當懸殊的差異。

　　民眾在遭逢生活困境或心理困擾時，願意主動向專業助人系統求援，甚至願意依循使用者付費原則接受幫助，這完全是教育的結果，亦即，由於心理衛生教育的推廣與落實，民眾開始懂得向外界求助，藉著專業助人者的協助以解決問題、走出困厄。譬如，透過學校普遍地宣導，國小學童懂得打113專線自行求助，使社政單位社工得以及時介入處遇，避免家暴悲劇的發生，便是

家暴防治教育的絕佳範例。

　　在華人的傳統文化裡，因「家醜不外揚」、「面子主義」等處世價值的潛在影響，讓人們容易將向外界求助視為是一種示弱、不名譽的行為，故遭遇困境時，寧可咬牙苦撐，也不肯受人點滴；再加上助人專業本是西方的舶來品，民眾對其不甚熟悉，且常誤認為求助專業好像是「病人」（精神病患）在做的事，因此，大多數人習慣從民間信仰求得心安或向親友訴苦、抱怨，以獲得一時之情緒抒發；但暫時性的情緒抒解僅是治標而非治本，難免陷入周而復始的惡性循環。心理衛生工作或助人專業存在之終極目的，乃是希望協助民眾獲致心理健康、提升生活品質，並充分發揮自我功能以適應情境，如此會讓整個國家社會更和諧、安定，更具生產力與創造力。

推展心理衛生社區工作的迫切性

　　變遷迅速、高度分工的社會型態，容易使生活於其中的人因生活步調太快，而產生適應不良的狀況；再加上多重角色的沉重負擔，如家庭、學校、鄰里等社會化機制及傳統倫理道德規範力量的弱化等社會性因素，導致社會問題層出不窮，犯罪與脫序行為不勝枚舉，更讓現代人常擁有高度的焦慮與壓力感。縱使經濟環境富裕了，教育水平提高了，但人與人之間的不信任卻加深了，外部情境壓力大，且在人際間又缺少強而有力的情感支持系統，人們便易於出現身心失調、無法因應現實環境的失功能狀態。既然身心壓力的沉重負荷已是現代人的生活常態，故求助心

理衛生相關專業行為宜被普遍地視為是滿足需求、提升能力、增加自我韌性與希望感，以獲致更好之生活品質和身心狀態的一種生活方式。

在心理衛生工作的三級預防觀念裡，首重心理衛生概念與知識的教育宣導及推廣，以促進大多數人對自我了解和心理健康的認識，再者，才是針對較少數高危險群或適應不良者的心理問題篩檢及專業輔導介入。如此的工作順序意味著「預防重於治療」的重要性，亦即，教育民眾能及早意識到自身的問題或危機，並願主動積極向外求助，在問題尚未惡化時，能夠因獲得援助而妥善處理，避免造成民眾身心受創。

依我所見，心理衛生教育及助人專業在臺灣社會雖已開始被重視，但卻尚未扎根、普及。換言之，如何增進民眾的求助意願，以滿足其身心需求，讓民眾能因從中獲益進而肯定助人專業存在的必要性，更增加其使用的信心與頻率，就成為心理衛生機構、助人專業工作者及政府相關部門亟須思考、因應的重要議題。作為一個助人工作者，我認為，專業人自身有義務、也有責任讓民眾認識我們的角色功能和服務內容，所以，主動積極地走進社區、學校，透過心理衛生議題之講座宣導、活動推廣（如讀書會、座談會、工作坊等），或個別輔導、團體輔導、婚姻與家庭輔導等服務型態貼近民眾，打破民眾與助人專業間的隔閡，繼而求助、受惠於我們，如此，方能更彰顯助人專業的存在意義及善盡社會責任。

結語：創造有人味的心理輔導

　　這些年來，我經常有機會進到社區、學校從事個案、團體工作及心理衛生推廣講座，藉由聽者或受助者回饋，我確信，自己的服務被許多社會大眾所需要。同時，多年來的實務經驗告訴我：

> 「人都是一樣的！
> 　苦的時候，需要有人了解；
> 　倦的時候，需要有人陪伴；
> 　怕的時候，需要有人支持；
> 　困的時候，需要有人商量；
> 　迷的時候，需要有人引導。
> 　而心理輔導所能提供的，就是讓人在苦、倦、怕、
> 　困、迷的時候，
> 　有一個可以佇足休憩、釋放、沉澱、覺察與改變的心
> 　靈避風港。」

　　在我的實踐想像裡，助人工作該是一個貼近人、讓民眾願意親近的專業，並非像是一種販賣心理學知識、過度標榜專業權威形象的「秀異」存在；畢竟，「秀異」作為一種階級，它雖有很吸引人「投入」的魅力，卻也會與普羅大眾劃出一段距離。而面對著人生的苦難、荒誕，助人者更該有一份善解、包容的心意，讓更多的社區民眾能受惠於助人專業，進而逐漸提升我們這個社會的和諧與心理健康。

一個社工師的喃喃自語：
　　　青少年輔導工作手記

第 15 話 學校輔導工作的專精健全化

 一 前言：教職人員的無力感

　　近幾年來，我三不五時便有機會受邀至國中／小等各級學校擔任講座或參與個案研討，也因此，經常能與學校老師、行政人員針對學生問題進行意見交流。在互動過程中，我觀察到，教職人員常苦惱於遇到不服從管教的問題學生，且抱怨「不能體罰」的限制讓其在面對學生的頑劣時綁手綁腳、束手無策，頗有一種習得無助的無力感，久而久之，也導致教學熱忱的消退。

　　對於教育工作者的無力感，雖然心中感到不安，我卻相當能理解這樣的困境。長久以來，在華人的教育體系裡，師生之間一直存在著上對下的絕對倫理位階，所謂「天地君親師」的尊師重道傳統，讓老師有著不可被挑戰的權威地位。但隨著政治、經濟、社會文化型態的演變，強調民主、平等、開放、多元的人權思潮日漸被重視，傳統的倫理價值規範也在不斷被質疑、挑戰中解構，而在實質的人際互動網絡中，首當其衝被影響的，便是握有管教權的父母、師長。當前的教育工作者正在經歷一種失落的變局，就是以前有的（權威優勢），現在沒有；以前可以的（體罰），現在不可以。是故，教師遭遇到的，除了學生行為問題的複雜、難解外，更是自身處在新舊兩套教育理念、價值觀的互相角力間，是否願意改變、如何做選擇的心理適應問題。

多重專業進入校園的必要性

　　文明科技的進步，社會型態及價值觀的變異，導致學校中的問題行為層出不窮，近來如校園霸凌、性侵害／性騷擾／性交易、網路沉迷／成癮、中輟（逃學逃家）、毒品濫用、自傷／自殺、參加幫派等脫序行為，都是相當困擾教職人員的校園重大議題。就我所見，許多學生的偏差行為成因，往往在其原生家庭的成長過程中便已種下，當偏差行為顯現於日後時，最主要的核心關鍵因素，如被忽視的身心需求、環境滋養力量的缺乏或創傷經驗等，早已被外在的行為表象所層層掩蔽。因此，頭痛醫頭、腳痛醫腳的處遇策略經常徒勞無功，挫折、失望之餘，學生便成了「麻煩」、「壞胚子」、「無可救藥的頑劣份子」。

　　其實，社會變遷底下所產出的學生問題，其複雜程度早已非傳統型態的教育體制所能因應，因為，教師或學校行政人員的養成訓練常側重於常態學生的學習與教學工作，但對於有特殊需求或偏差行為的學生便不是那麼地了解，再加上教學負擔的沉重，無法處理也並不為過。換句話說，學校裡亟需要有一批受過助人專業訓練的工作者來輔助教學或教育行政，以多重專業團隊合作模式專門介入處理較具特殊性的學生個案，藉此保障每個學生的受教權益與身心發展的適應。除了學校既有的輔導教師外，這些專業人員可能包括：社會工作師、臨床／諮商心理師、生涯輔導人員、精神科醫師或學校心理學家等。

　　此外，若從系統觀點來思考，當不同的專業工作者得以進入校園提供服務時，雖然短期內可能無法看出成效，但長期經營下

來，必會帶來有別於固有教育型態的思考角度、工作方式及人性價值，使學校能因注入新的活力和改變元素，而有機會撞擊、活化整個學校系統，進而調整單一、保守的治管觀念，讓系統得以逐步開放，並獲致與外在社會資源交流、接受多元價值的實益。

 ## 輔導是一門專業而非志願服務

　　近年來，教育部在學校輔導工作的政策上做了許多重要變革，例如「教訓輔三合一」、「認輔教師制度」等方案的推動。方案的設計，其背後往往有著良善的立意與目的，好比說，「教訓輔三合一」的規劃實施，乃是希望校園中的每位老師皆能普遍地具備輔導相關知能，並能積極地參與學校輔導工作，以便能在第一時間內發現、解決一般學生的問題或適應困難，避免學生問題持續擴大、惡化，故頗符合「防患於未然」的初級預防思考。

　　然立意良善的制度設計，卻未必能獲致預期的成果，因為在現實世界中存在著太多不可預期的變數。透過政策的規劃與執行，要每個老師都能具備輔導知能以投入輔導工作，基本上就是一種難以實踐的理想。畢竟，「輔導」是一門助人專業，本就需要長時間的教育養成，急就章式的訓練，用於觀念的啟迪尚可，要能真槍實彈地運用則力有未逮。在輔導專業的養成過程裡，絕對不是只有認知層面的學習，更重要的，乃是實地的接案體驗和接受專業督導，以對自我狀態和助人關係有更多、更深的覺察與領悟。這是一條漫長而艱辛的自我成長之路，怎麼可能要求每一位教師都要符合諸如此類的養成訓練？況且，如果輔導工作被認

為是只要有意願的人就能做，那它應該不能稱得上是一門「專業」，而是「志願服務」了。

 結語：接納多重專業以強化學校輔導體系

　　先前，聽聞中／小學的輔導老師將被教育行政單位醞釀立法刪除，心中只感到莫名的震撼。社會愈多元複雜，傳統的道德規範體系漸形弱化、解組，當社會欠缺一套明確的價值觀作為心理屏障時，可預見的是產生一群無所適從的青少年及其衍生而出的種種社會問題。對學校來說，最不陌生與棘手的莫過於「中輟生」問題。我在少年司法體系中常因逃學逃家的虞犯少年而和學校行政單位有所接觸，深知學校單位對中輟問題的因應相當捉襟見肘，很難拿出一套有效的處遇策略。我認為，學校束手無策的主要原因之一，便是欠缺助人工作專業人力的奧援。中輟生的出現，除了與少年本身在校的適應不良有關，更往往伴隨著家庭的失功能、學校教育的無可著力、同儕團體間的感染與仿同，以及社區（網際網路的氾濫、幫派）、流行文化與大眾傳媒等因素的負面影響。因此，不只是學生本身的心理問題有待解決，更需要把眼光拉到學生所存在的社會環境系統，觀照人與環境間的互動關係，此便是社會工作強調以「人在情境中」之生態系統觀點來詮釋問題的工作內涵，而這哪裡是光靠以教學為主的教職人員能夠處理的。

　　再者，若僅因長久以來學校輔導工作的成效不彰，就要刪除輔導老師在學校組織中的編制，而用「教訓輔三合一」或「認輔

教師」等機制來替代，這無異是捨本逐末的作法。我以為，輔導老師和上述機制乃是可以並存的，學校中的老師若皆具備輔導素養，便可及時發現、初步介入處理學生問題，其也將成為學校重要的輔導人力資源；然有些學生的行為或心理問題，特別是危機事件的發生，並非是稍具輔導知能的一般教師可以處理的，仍需專任輔導老師或專業人員予以協助。

此外，更有些偏差行為嚴重的學生，其行為成因牽涉到家庭、社區等外在環境系統，相當複雜且多元，並非學校原有的輔導人力系統可以應付，亟需校園中設置必要的專業人員（如社工師、諮商／臨床心理師等）組成輔導工作團隊，進而對外連結社政、司法、警政、醫療等相關社會資源來共同介入，不但可藉由多重專業間的相互合作、各司其職、一展所長，以收學生問題解決的三級預防效果，亦可避免因單打獨鬥所引發的能量耗竭。

職是之故，學校輔導工作的發展方向，宜是多重專業加入原有的學校輔導系統，並引入專業督導（supervision）制度，促使輔導工作更趨於專精、健全；當然，「教師即是最佳初級輔導員」的構想是可行的，但若因而排擠到專業助人工作者（professional helpers）進入校園，造成學校輔導工作的去專業化，則絕非學生之福。

第16話

少年性侵犯罪成因的系統觀詮釋

 前言：我對少年性侵犯罪的憂心與省思

　　自 2000 年起，從屏東地方法院觀護人室到高雄少年法院調查保護處，我便與性侵少年的處遇工作結下不解之緣。由於在少年司法體系擔任心理輔導員，使我有機會去接近、了解這群因強制性交、未成年人之合意性交、強制猥褻、家庭內性侵等行為而觸犯刑法妨害性自主罪的孩子，也讓我得以運用個別諮商、性教育、心理暨社會評估、團體輔導、親職性教育及家族治療等介入型態與之工作。透過歷年來實務上的觀察與經驗累積，促使我對人類的「性」（sexuality）和少年性侵成因有較為深入的思考，而這樣的實務經驗也讓我對性侵少年的處遇工作更具方向感，亦增強我對提升少年性犯罪之再犯預防可能性的信心。

　　邇來，我愈來愈關注、憂心性犯罪的相關議題，每當瀏覽網路新聞時，我常會留意性侵害事件的發生，特別是少年族群的性暴力犯罪型態。性侵害犯罪在現今的臺灣社會到底嚴不嚴重？根據官方統計資料所載，臺灣於 1991 年只有 766 件性侵害案，但到了 2003 年卻增加至 3,108 件，此顯示出，十多年來，性侵案件數量上升四倍左右；此外，每日亦有至少九起的性侵案件在臺灣各地發生（陳若璋，2007）。更何況，性犯罪的統計資料往往會有嚴重的「黑數」問題，亦即，真實的案件數與官方統計數量相差甚鉅，若根據學者專家的估計，性侵害的犯罪黑數將近十倍

（馬傳鎮，2008；黃富源，1982）。

　　至於少年性侵害犯罪部分，依據司法院（2006）的全國統計資料顯示，從 2001 年至 2005 年，依少年暨兒童保護事件交付保護處分之少年共有 56,571 人，其中性侵害事件即達 2,006 人，占 3.55%；且性侵害事件交付保護處分比率逐年遞增，其中以 2005 年少年暨兒童交付保護處分 8,657 人，性侵害案件 418 人占 4.83% 比率最高。此數據透露出，少年性侵害犯罪的問題已在日漸惡化當中。

　　再者，對於被害者而言，性侵之身體傷害雖可癒合，但心靈之創傷卻可能令被害者揮之不去，甚至跟隨、糾纏當事人一生（吳就君，2004；梁玉芳，1998）。許多性侵被害者在事件發生後，開始出現的心理反應包括：自覺安全受威脅、害怕男人與性行為、憂鬱、反覆回想被性侵事件、易怒、睡眠失調、身體疼痛和罪惡感等現象，短時間內可稱為「急性壓力反應」。持續一段時間後，甚至可能會演變成「創傷後壓力症候群」（post-traumatic stress disorders, PTSD），而被害者也會出現再體驗和逃避創傷記憶的交替現象，其反應可能有：害怕、惡夢、搬家、對人有不信任感和性功能障礙等，並將會持續數月到數年之久（王燦槐，2006；周煌智，2003；范國勇，2000）。

　　此外，Luo（2000）的研究發現，受到傳統華人文化建構的影響，臺灣地區的性侵被害者似乎特別有失去貞操方面的羞恥感、覺得自己為家庭招致不名譽的罪惡感、被嘲笑和提議嫁給加害人等創傷內涵。故，無論是性侵案件數量的倍增，抑或是案件發生後帶給被害者的身心創傷和社會大眾（特別是女性）不安、憤怒、恐懼等心理感受，性侵害犯罪的嚴重性及其對整體社會安全的負面影響著實令人擔憂。

一個社工師的喃喃自語：
青少年輔導工作手記

　　基於上述理由，我對少年性犯罪問題相當憂慮。這份憂慮，一者源自於閱聽上的刺激，幾乎相隔極短的時日，我們就可能從平面或電子媒體上看到少年性犯罪的新聞報導，令人不得不憂心當前少年性犯罪在數量方面的急遽攀升；且性侵害當事人雙方的熟識關係，已讓性侵型態有別於傳統的「典型強暴」（classic rape）──亦即，當事人雙方互不相識、加害人使用暴力或武器逼迫對方就範和被害人曾因極力反抗導致身體傷害（羅燦煐，1995）。再者，更因為意識到臺灣社會物化女性的整體氛圍，似乎會讓女性（特別是少女）更輕易地陷入危險情境之中而淪為被害者，亦無形中助長少年性侵害犯罪的發生。

　　性侵害是性行為與暴力行為兩者相結合的產物，因此，我們必須思索此兩者對行為人產生的心理作用和行為意義為何。在這篇論述裡，我擬以自身的實務觀察作為基礎，對少年性侵行為成因進行一種兼顧鉅視（社會文化）與微視（個體心理）間之辨證關係的詮釋；此辨證關係，乃係指個人的行為一方面受制於其所處的社會／文化環境，一方面又能主動地去改變環境，故個人行為與社會／文化存在著相互影響的過程（楊中芳，1993）。換言之，我試圖理解的是，作為一種入侵他人身體界限而獲得自身生理／心理／社會需求滿足的暴力行為，少年的性侵害犯罪行為與其所處環境間的關係為何；亦即，究竟「社會／文化」環境賦予行為人對「性」和「暴力」何種心理意涵，促使少年容易因一時衝動或甚至是理性思考後的選擇而進行性侵行為。

　　其次，目前在國內，不論理論或實務，有關少年性侵害加害人之相關論述並不多見，處遇經驗亦少；特別是性侵少年在社區治療輔導部分，因缺乏法源規定，故縣市性侵害防治中心皆鮮少與少年法院／庭中執行保護處分之少年保護官有所聯繫，而少年

保護官亦不知從何與各縣市性侵害防治中心展開專業合作，致使接受保護處分的少年性侵害者並無得到適當的社區處遇（陳美燕，2006）。由於我的輔導工作便是觸法少年社區處遇中的一環，考量自身工作場域及實務經驗的獨特性和豐富性，便使我想整理自身對性侵少年犯罪成因的觀察與詮釋。

 ## 少年性侵成因的犯罪學解析

少年性侵害行為之類型與特徵

學者鄭瑞隆（2006）參考國內性侵少年之行為樣態，以性侵對象、兩造關係，以及共犯與否等面向，將少年性侵行為分為五種類型：

1. 約會強暴（強制性交與強制猥褻）：發生於有情感交流關係之人在特定約會或日常接觸情境所發生的強暴行為，加害者與被害者之間可能是初次約會的男女、偶爾或經常約會的男女。

2. 對陌生人偶發性侵：加害者與被害者不認識，且因係偶發故未連續犯罪，而加害者使用暴力的程度很高，可能以身體力量壓制、以武器威脅或言語誘騙。

3. 對陌生人連續暴力性侵：加害者通常會連續犯案，有較固定的犯罪手法，甚至有固定之被害人類型，因此，容易引起大眾或相關單位之注意及緊張。

4. 兩小無猜型性侵（身分犯罪）：兩造通常是未成年人（其中一方為未滿十六歲少年），雙方可能是男女朋友或認識

一段時間的朋友，兩造的性行為是合意的，且多為小男女朋友之間性愛或性摸索行為。

5. 集體性侵行為：少年性侵行為中較獨特的犯行，可能發生在少年從事違法行為時，因見人多而產生集體壓力的結果，加害者與被害者之間並無深仇大恨，但常因小衝動或嫉妒而為之，以發洩怒氣。

回顧國內外學者的相關文獻（吳敏欣，1999；侯崇文、周愫嫻，1997；黃軍義、陳若璋，1997；黃軍義，2000；黃鴻禧，2008；蔡德輝、楊士隆，2000；Awad & Saunders, 1989; Risin & Koss, 1987; Ryan, Lane, Davis, & Issac, 1987），我整理出一些與少年性侵害行為有關的特徵，茲說明如下：

1. 加害者方面：大多數為男性。
2. 被害者方面：一般來說，除了如偷窺、暴露、猥褻電話等犯罪型態外，少年性侵害的主要被害者為年幼的幼童或未成年人。
3. 加害者犯案前輟學情形嚴重，特別以國中輟學居多。
4. 加害者與被害者的關係：與成年性犯罪者相似的是，大多數的被害者與加害者是認識的。
5. 在性侵行為樣態方面：最常見的性行為是愛撫，其次則是性交。
6. 兒少性侵加害人之犯罪手法強制性不高，以沒有使用暴力者為最多。
7. 加害者與異性的親密行為，往往忽略情感關係的培養而直接進行性行為。
8. 加害者常有支持性侵行為的同儕伙伴，此同儕團體會表現

出不反對性侵行為的態度，例如，認可強暴迷思、瀰漫性侵是展現男子氣概的氛圍或性侵的感覺很棒等。

9. 加害者常從報章雜誌與色情影片裡學習到性侵的手法與態度。

10. 加害者中有相當高的比例自身曾有被性侵害的經驗，而被性侵的經驗可能讓其感受到男性尊嚴與氣概的被侮辱與剝奪。

11. 案發後，加害者傾向藉由否認罪行、否認或輕化傷害、罪咎被害者（如認為被害者衣著暴露、舉止輕佻）、歸咎環境因素（如認為自己受到酒精、藥物或色情刊的影響）等方式來合理化自身的性侵行為。

12. 情境方面：

    (1) 物理情境（physical situation）：熟悉、僻靜、隱密的地點，例如自己家中或被害者家裡、公寓或大廈的頂樓、較偏遠郊區的空屋、樹林、廢棄的工寮等。

    (2) 社會情境（social situation）：周遭無人、被害者落單、社區守望差、缺乏警車巡邏等。

少年性侵行為成因之心理社會分析

就作為一個輔導工作者來說，若以處遇的可行性作為考量，以下則僅偏重在心理與社會文化層面，來進行少年性侵成因的相關探討。

1. 個別心理與行為層面因素

國外學者 Fehrenbach 等人指出，性侵少年在學校出現學業與行為方面問題是頗為普遍的；而 Mosher 與 Anderson 則在性侵

少年身上，發現一些常見的人格特質，如：品行疾患、反社會傾向、低社會化程度、低責任感、低道德感、低同理心、缺陷的自我監控能力、無法遵守社會規範、高衝動性、渴望立即性的滿足、習慣以暴力來因應衝突與解決需求、對他人身體不尊重，以及若無適當的外在約束，特別容易用不適當的方式發洩自身性慾。另外，藥物濫用、攻擊行為、危險駕駛、偏差行為，也都與性犯罪有關。由於內控機制不足，又不願接受如社會規範、道德約束等外控機制的限制，導致少年性侵犯行的增加（引自范庭瑋、李俊宏、盧怡婷、唐心北，2009：94）。

　　Moore 與 Rosenthal（1993）發現，性侵少年具有低自尊、對女性憤怒、缺乏社交技巧及異常的性幻想。國內學者蔡德輝與楊士隆（2000）則指出，在臨床上，少年性侵害犯罪者常被描述成無力的（powerless）、性別角色混淆、缺乏自尊，並有藥物濫用的問題。然而這些描述及心理失調等問題，和具有一般行為異常（general behavioral disorders）或有犯罪行為的少年沒有什麼差異。此外，有些學者發現，是有部分性侵少年明顯地表現出社會能力（social competence）的不足，但不清楚是否所有的性犯罪少年皆如此。

2. 家庭生活層面因素

　　家庭的失功能（family dysfunction）常被視為與少年性侵害行為的發生有著高度相關（張景然，2001；蔡德輝、楊士隆，2000）。許春金（2000）引用法務部 1995 年的調查資料指出，性侵害加害人的家庭生活經驗常有下列情形：

(1) 家庭暴力頻仍：本人或母親常遭父親暴力毆打。

(2) 父親早逝或早離：通常在受訪者十歲以前，父親即離開家

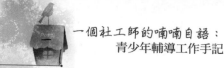

庭或死亡，導致家庭經濟陷入困境，且使其缺乏男性認同
或模仿對象。

(3) 家庭依附力薄弱：不喜歡回家，感覺家裡沒有溫暖等。

許氏的資料來源雖是成人，但也頗符合國外學者對少年之性
侵害發展模式的實證研究。例如：Ryan 等人（1987）在一個針
對五十五名性侵少年的樣本中發現，有將近 40% 的人曾被身體
虐待。然而這個被虐待的比率還可能低估了，因為有些少年會將
受虐者的身分視為恥辱而不願承認。此外，根據司法院統計處
2006 年的資料顯示，在經濟狀況、父母是否健在及父母婚姻狀
況等方面，我國兒少性侵害加害人之原生家庭狀況並不理想。

就家庭結構而言，少年性侵加害者常來自於單親家庭與混亂
的家庭結構，而這些家庭也有著高度衝突、失功能和父母親離婚
或分居的狀態（Hoghughi, Bhate, & Graham, 1997）。Hardy
（2001）更指出，即便是雙親俱在的性侵少年家庭，也常發現缺
乏功能的父親、情感疏離的母親，以及家庭成員間的界限混淆不
清。

關於性侵少年之家庭氣氛、親子關係與家庭動力研究方面，
學者指出，性侵少年的家庭氣氛通常是缺乏溫暖且對家庭沒有向
心力的（Bischof, Stith, & Whitney, 1995; Blaske, Bordin,
Henggeler, & Mann, 1989）。Caputo、Frick 與 Brodsky（1999）
的研究顯示，少年性犯罪者目睹或親身經歷家庭內暴力的經驗較
一般少年犯罪者多，家庭內暴力包含父母親之間的暴力或是父母
對子女的暴力，而這樣的少年也較有麻木的情感。Marshall
（1989）引用精神分析學派的學說，認為性侵加害者犯罪的主因
在於親子關係不良，致使其於成人時期產生人際關係障礙。至於
家庭動力方面，Smith 與 Israel 於 1987 年檢視了二十五個兄弟姊

妹亂倫之個案，找出了可供辨識的家庭內部動力（黃世杰、王介暉、胡淑惠譯，2000）：

(1) 冷淡、疏離且難以接近的雙親。

(2) 會於家庭內鼓動性氣氛的雙親。

(3) 具有保持隱密傾向的家族史。

【小結】

家庭是塑造人的工廠，原生家庭的生活經驗對人的性格形塑有著決定性的影響力，因此，少年性侵犯行的發生，家庭生活因素（家庭結構、家庭氣氛、家庭互動、教養方式等）必然扮演了相當重要的角色。審視國內外的相關研究得知，性侵少年的家庭生活經驗較為負面、少有正向的溝通、家庭欠缺凝聚力，及受到身體、性虐待或疏忽的頻率也較多，在這樣的成長環境底下，少年性侵加害者往往對環境感到不安全、有敵意，自我價值感是低的，內心則充滿憤怒和滿足權力控制的慾念。

3. 人際社交層面因素

人際關係不佳與社交技巧拙劣，向來被認為是性侵犯行發展的重要因素。Wolf 的研究便指出，性侵加害者因在成長過程中遭遇許多負面情境，故發展出不正確的人格和行為模式。根據 Wolf 的看法，性侵加害者通常自我形象低落、防衛性高、社交疏離；而 Fagan 與 Wexler 亦指出，性侵加害者在表達與溝通能力、與異性相處能力這兩方面較為薄弱，人際互動多為表面的，也較少具有親密感，通常會感覺到被社會所孤立（引自黃富源，2008：14）。

國外學者 DeMarttino 指出，性侵少年較非性犯罪的非行少

年要來得害羞、膽怯及社交孤立；Davis 與 Leitenberg 則指出，
青少年會藉由性犯罪去增加自我價值感（引自范庭瑋、李俊宏、
盧怡婷、唐心北，2009：94）。是以，為了填補自身的自卑和低
自我價值感，性侵少年錯誤地選擇用暴力或脅迫等方式去征服異
／同性的身體。

4. 社會層面因素

一般咸認為，少年所處之社區結構與不良環境的影響，以及
其與大眾傳播媒體暴力和色情渲染報導接觸之頻率等，皆為導致
少年性侵害犯罪的重要因素（張景然，2001；蔡德輝、楊士隆，
2000）。從社會學習理論觀之，若是生活環境中存在著暴力與侵
犯行為，在潛移默化的觀察學習效果下，少年自然而然地會學習
到暴力是可被接受的行為，甚至認同用暴力來解決問題的行為模
式，或選擇默默地忍受暴力的發生。

5. 犯罪情境因素

少年性侵害犯罪之衍生情境亦為探討其行為成因的重要主
題，尤其若少年有嗑藥、酗酒等問題，或犯案前面臨來自同儕的
壓力，以及出現犯案特定之時空、條件情境，如：被害者落單、
犯案地點具隱蔽性等，往往容易發生性侵害暴行（蔡德輝、楊士
隆，2000）。

6. 小結

藉由上述對少年性侵害行為在心理社會層面成因分析之文獻
探討，對於少年性侵行為為何發生，我兼採國外學者 Malamuth
與國內學者許春金的看法。

Malamuth 提出「合流模式」（confluence model）試圖整合

女性主義和演化論以解釋性侵行為。合流模式主要有兩個架構，一者是大男人主義（hostile-masculinity）與帶有敵意的支配傾向，其涵意包括敵視女性、對女性不信任、防衛及高度敏感的態度，以及能從控制與駕馭女性中獲得高度滿足感；此種支配慾念和大男人主義的形成，深受社會文化因素的影響，因為男人在社會化歷程中，被塑造成要具備陽剛與攻擊性的性格特質，故容易歧視感性而同理的女性化特質。再者，則是雜亂與非人化的性（promiscuous-impersonal sex），亦即一種隨時尋找「獵物」、不計對象式的性交型態，顯示男人在性關係上不認真、遊戲的心態，此性態度的形成與早年家庭成長經驗、犯罪經驗及同儕的支持有關，較屬於個人層次因素。具雜亂與非人化的性之取向者，在支配欲和大男人主義觀念的影響下，兩者交互作用，容易發生性侵害行為（黃軍義，2000；簡皓瑜譯，2004）。

　　而許春金（2000）則認為，少年自幼及長的家庭、學校、社區、同儕團體之生活經驗與人格特質，及其間的交互作用，可視為導致性侵害犯罪發生的遠因（distal factors），而案發當時的情境與加害人之身心狀態，則可視為犯罪行為發生的近因（proximal factors）。

　　參照 Malamuth、許春金的理論模型，對於少年性侵害行為之成因，我傾向「多因論」的解析觀點，亦即，少年性犯罪是一種多元因素交互影響所共構而成的社會現象，絕非直線式的單一因果模型得以解釋，甚至可視為一種整體社會病態發展的具體表徵。除了探討個人之內在心理因素及與個人直接產生互動的外在環境因素，社會文化背景似乎提供了催生性侵行為的肥沃土壤，因此，若要詳盡地了解少年性侵行為成因，就必須兼顧個人因素（包括家庭、學校、社區、同儕團體等）和社會文化因素等兩個

層次的交互作用。職是之故，配合實務場域中的觀察，對於少年
的性侵犯罪成因，我逐漸形成一種統合生理、心理與社會／文化
等向度的系統觀詮釋。

　　然而，在進行少年性侵行為成因的系統性詮釋前，我擬先從
社會文化的視框詮釋性暴力的本質與意涵。這是因為，從社會學
之鉅視觀點探究性侵害犯罪成因向來是犯罪學中的主流思考，社
會學者強調，社會環境的氛圍助長性侵行為的發生，特別是女性
主義者著墨甚多；此外，在實務場域的接案經驗中，我也發現，
少年的性侵行為的確有著社會文化的基底。

 ## 少年性暴力的社會文化想像

　　1970 年代，女性主義思潮和女權運動興起後，女權運動者
便指出，性暴力行為的產生與整體社會文化因素有關。女性主義
者皆認為，社會上男女權力與位階的不平等、受「強暴迷思」影
響而對受暴者的偏頗態度，以及色情媒介的猖獗等社會文化現
象，才是導致性暴力行為背後的深層基礎（Brownmiller, 1975;
Burt, 1980; Clark & Lewis, 1977; Malamuth, 1996; Schwendinger &
Schwendinger, 1983）。黃軍義（2000）從歷史文獻的回顧、文
字詞語的分析，以及相關理論的探討均指出，華人社會為父權體
制，具有「男性繼嗣」、「尊卑有序」、「男性為尊」的文化特
徵；而在此等社會文化背景下，男性對女性施暴的心理與行為得
到醞釀，亦說明了在社會上常見的現象：男性威嚇、強迫、凌辱
或毆打被害女性逼使其就範等，突顯出性暴力行為中男強女弱的

事實。

　　就社會上多數的性暴力行為是男性所為而女性受害，便可顯露出性暴力受到因性別差異所衍生出的意涵所影響；亦即，男性施暴於女性，代表男性在體能、權力和地位上皆優於女性。而性別作用正是植基於社會文化背景所產生，在男尊女卑的父權體系下，男性施暴的性侵行為得到環境的滋養、催生。因此，性暴力行為的為何發生、如何發生，我們僅從微視的個人因素去思考是不夠的，還必須從鉅視的社會文化背景去探索。

　　從社會學角度思考，因社會變遷而產生之整體社會價值觀的變化與社會文化規範力量的削弱，必然助長性犯罪的發生。似此種因社會制度（social institutions）的瓦解而導致犯罪增加的說法，以古典社會學家 Emile Durkheim 的「脫序」（anomie）理論為主要代表。Durkheim 指出，當社會急遽變遷時，人們傾向喪失其方向感、對混淆的道德或社會規範無所適從，以及與支持團體的關係脫鉤，故個體陷落到一疏離、孤立和無意義的狀態（林瑞穗譯，2002；馬康莊、陳信木譯，1995）；而在脫序的社會中，除了自殺率外，亦可能引發偏差行為的增加，包括藥物濫用、心理疾病和暴力犯罪，這種現象普及於所有年齡層的人，特別是青少年（史錫蓉譯，2002；許春金，2000）。

　　通常，性被認為是一種生物本能，但社會學者卻認為性是一種社會行為；此意味著，「性」的內涵，包括性犯罪，乃是由「社會／文化」所建構與範定（王崇名，2004；林芳玫，1999；陳秉璋，2003；游美惠，1990）。華人對性的態度基本上是壓抑的、隱諱的、充滿道德判斷的，視性為一個無法浮上檯面的議題（李亦園，1992；阮芳賦、林燕卿，2003；曾文星編著，2004；鄒川雄，2000）。在強調集體主義的傳統華人社會中，人的情慾

是被倫理和禮教所制約的，故某種程度上，性遭到了壓抑與禁
錮；然隨著西方文化大舉東來，個人主義意識形態的抬頭，在
「只要我喜歡，有什麼不可以」的自我標榜下，導致傳統禮教規
範的土崩瓦解，而性的力量則猶如脫出牢籠的猛獸，常透過媒體
報導之社會新聞讓民眾驚懼不安。

　　或許我過於武斷，但觸目所見，臺灣社會是拜金而崇尚物質
享受的，在這樣的氣氛下，別說貨品，就連人的價值都可用錢來
衡量，女性身體的商品化、青少年網路援交行為的層出不窮不就
是最明顯的例子？而弔詭的是，這樣的交換關係對當事人來說常
常不是被迫的，乃係出於個人自由意志的抉擇，此意味著源於傳
統禮教之「守護身體，重視貞潔」的倫理規範已然崩頹。再者，
在強調自決、自主的「個人至上」時代氛圍中，人們看似從古老
沉重之傳統教條的壓抑力量裡解放出來，不過，人的主體性
（subjectivity）卻也沒能提升多少，我們無形中反倒受制於金錢
的支配。誠如德國文化哲學家 Georg Simmel 所述，金錢成為我
們這個時代中的「上帝」，祂劃一了所有人的本質，使感官認知
凌駕於靈魂之上；現代人是一群沒有個殊性、戴著同一副面具的
「物體」（顧仁明譯，2001）。可預見的是，由於失卻感受內在
真性情的能力，人際間的關係愈來愈疏離、淺薄與欠缺有意義的
情感連結，故當個體渴望與他人親密時，他選擇的方式並非情感
上的交流、心靈上的靠近，而係透過金錢交易抑或暴力相向的性
操控型態。

　　此外，拜網路、影視及漫畫雜誌等傳播媒體之賜，如 A 片
般之色情資訊的普及與氾濫，造成我們的兒童和少年出現性的過
早啟蒙、性態度的過度開放，以及性觀念扭曲等社會問題，對性
的好奇與生理成熟後的性驅力成為少年們初嘗禁果的行動力，產

生所謂發展上的「早熟」危機（王瑞祺，2000；黃俊豪、連廷嘉譯，2004；劉玉玲，2005）。據行政院衛生署國民健康局調查發現，高中／職學生第一次性行為的平均年齡已提早至 16.1 歲，而台中、台南等地區性的調查更發現，國中／小學生有性經驗者已大有人在。

🐌 A 片的無形侵蝕力

少年接觸色情影片（A 片）、圖片、漫畫或文字的現象，在現今社會已相當普及。衛生署曾委託臺灣性教育協會透過網路問卷，針對青少年的色情媒體閱聽行為進行調查，對象包括國小高年級至大專院校等三千六百多位學生，發現有三分之二的青少年曾看過色情媒體，而多數青少年首次接觸色情媒體是在十三至十五歲（國中階段）（陳婷玉，2009）。此外，依據黃秀娥（2006）的調查，民眾第一次看 A 片的平均年齡，男性為十六歲；未滿十八歲即已接觸 A 片的民眾，則超過全體受訪者的七成。上述調查結果皆顯示出，當前社會之少年的性觀念與性態度趨於開放，且色情資訊的取得頗為容易和便利。

藉由網際網路訊息傳達的便捷，如 A 片般之色情資訊的普遍與氾濫，其影響力實不容小覷。首先，在 A 片中，女性時常被塑造為柔弱、順從及喜歡被征服的形象，故性的表達成為展現男子氣概的最佳象徵。再者，A 片等情色傳媒無形中灌輸給少年錯誤扭曲的兩性互動認知，如：不需學習社交上的技巧、可藉著性暴力獲得權力和控制感、不須考量被拒絕的問題、可立即性地獲得身體的滿足等。第三，與一般偏差行為少年相較，性侵少年接觸情色傳媒的年齡較早，且暴露於情色傳媒之時間較長，閱聽

頻率也較多。最後，接觸情色傳媒對少年發生性侵行為之影響在於示範與模仿作用，係屬於耳濡目染、潛移默化的學習機制（黃富源，2008）。

在同性侵少年的工作經驗裡，我發現，案發前一段時間少年有否觀看 A 片、色情刊物或煽情畫面等傳播媒介，乃係性侵案件發生與否的重要前導因素。為何如此？女性主義學者 Diana E. H. Russell 之「色情導致強暴」的理論模式作了最好的說明。Russell（1988）認為（引自林芳玫，1999：57）：

1. 觀看色情導致男性產生強暴女性的慾望。
2. 觀看色情破壞了男人對抗強暴慾望的個人內在抑制。
3. 觀看色情破壞了男人對抗強暴慾望的社會外在抑制。
4. 觀看色情削弱受害者避免或抵抗強暴的能力。

Russell 之「色情導致強暴」理論的核心思考在於，色情：(1) 促使某些男人產生強暴的傾向，甚至鼓勵早有強暴傾向的男人付諸行動；(2) 削弱某些男人想要犯下強暴的內在抑制力；(3) 減少阻止某些男人犯下強暴的外在因素（林芳玫，1999）。

換句話說，色情媒介的閱聽不但容易喚起行為人對性的生理慾望，心理上也會加強男性的主宰意識和優越感；其內容更會使行為人產生學習、模仿效果，進而強化如女性喜愛被迫的性行為（說「不」……其實是「要」）、低估受害者所受的傷害，以及同情強暴犯等「強暴迷思」（rape myth），接受並合理化性暴力的行使；更嚴重的是，色情媒介的潛移默化效果，無形中在某種程度上幫助行為人（通常是男性）勸服受害者／女性容忍或默許性暴力的存在，也就是說，在色情媒介的疲勞轟炸後，行為人和受害者皆模糊、薄弱了原有的身體界限意識，此可能讓受害者

逐漸失去保護自己的危機感而身陷受暴的危險情境，抑或是失卻挺身抵抗強暴的勇氣和能力。

小結

　　拉到社會文化想像的鉅視框架來看，「男強女弱」、「男為主流，女為附庸」的傳統父權思維，成為滋養性暴力犯罪的最佳溫床；而當個人主義取代集體主義，致使原本標定人際界限的倫理規範因價值觀的變遷而喪失功能時，「性」作為一種原始的生理驅力，開始衝破道德的禁錮，並結合人們對物質享受的追求、對金錢的崇尚，以及對掌控權力的戀慕，不但使其成為一種具有複雜象徵意涵的圖騰，也讓我們的社會陷入一種「貪」「痴」的情慾輪迴，失卻了基本的人性尊重與關懷。

　　我認為，女性，甚至是男性身體的物化（reification）或商品化，以及兒童和少年初次性行為或性犯罪的發生逐漸低齡化，透露出的警訊有二：其一，在人際互動情境中，兒童與少年對身體界限的意識過於薄弱，抑制其保護自己和尊重他人身體的能力，進而喪失了對自身身體安全的危機感，以及對他人的身體安全和自主權亦感到冷漠和不在乎。其二，當身體或性作為可被金錢交換的商品時，人的生存價值因物化而被貶低，是以，人成為工具，甚至是成了可供把弄的玩具，以至於失去作為存在主體的意義與尊嚴；而性的過程，似乎也就淪為一種宣洩生理衝動外加滿足權力慾望的機制。只是其獲得的心理效應是如此短暫，隨之而來的仍舊是空虛。

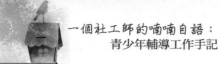

 當我面對性侵少年時：一種對少年性侵
犯罪成因的系統觀詮釋

我一直深受社工專業「人在情境中」概念和生態系統理論
（ecological system therapy）所影響，這兩者都相當強調環境對
人的作用及人與環境間的互動關係，因此，對我來說，「社會／
文化」環境與個體心理是無法分開論述的。這也使我很難在進行
輔導工作時僅著重於個體內在心理狀態的探索，我必須進行一種
將個體之行為、心理狀態置諸於「社會／文化」環境中審視的脈
絡性（contextual）思辨，而這樣的思考邏輯也是一種強調「社
會／文化」透過多元路徑與「個人」產生交互關係的系統式思
維。只不過，身為一個從事直接服務的助人者，由於我把工作目
標置於探求個案改變的可能性，故在面對性侵少年時的工作視
框，便聚焦於個體內在的心理動力與塑造個體成為今時今日之我
的家庭動力。

若從心理動力取向的觀點來看，個體的某種行為表現，必是
受到其內在趨力的促動而作為，此趨力往往是源自於個體之生理
或心理需求的滿足，而行為也常是個體內在正反力量拉扯、衝突
後的無意識產物（易之新譯，2002）。於是，當我們把少年的性
侵害行為放到此概念架構下去思考時，便會預設性侵行為必然消
解了行為人某種焦慮，而此焦慮當是與「性」有關的生理和心理
需求未能獲得滿足所致。也因性侵行為本是「性」與「暴力」兩
者相結合的產物，職之之故，我們就必須了解性與暴力對性侵行
為人所產生的心理作用和行為意義為何。

暴力的心理意義

「暴力」這個詞彙，經常與傷害、侵犯、攻擊抑或死亡等字眼聯結在一起，對絕大多數的人而言，它大概很難擺脫負面的意涵。不過，正如存在主義心理學家 Rollo May 指出，我們社會中的暴力行為，大多出自那些試圖建立自尊、護衛自我形象，或想顯現自己分量的人。不論行為的動機有多偏差、是如何被誤用，或是其展現多具破壞力，它們仍舊是人際需求的正向呈現（朱侃如譯，2002）。故我的想像是，暴力若被容許，就無異於承認一個（群）人可以合理地征服、支配另一個（群）人，且行為人將從強弱分明的從屬關係裡恣意地掠奪被行為人的任何資源。是以，暴力在社會關係中意味著位階、權力與宰制，而它在心理動力層次則肯定了行為人作為「人」的存在，且無形中滿足的是行為人內在情感所需的安全、自尊及優越，藉以掩飾自身的無能與低自我價值。

性對於人的意義

性對於人類的意義相當豐富，它不但有著使身體獲得歡愉的生理功能，亦有著見證愛戀的心理功能，更有著延續物種的生殖功能（張龍雄譯，1992），故人類的性具有綜合性，其不但要受到社會規範，且也異於動物而有不同層次的性質與表現（曾文星編著，2004）。若說性的各種意涵是讓人類社會得以存續的重要機制，其實一點也不為過。阮芳賦、林燕卿（2003）便認為，「性」不只是一個生物學上的事體，且有心理學、社會學與文化上的多個層次，而這不同的層次間也有頗為複雜的內部關係。基本上，阮、林二氏對性的詮釋，實際上已隱含了「系統」觀點在

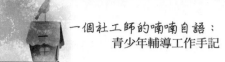

其中；亦即，若將人類的性視為一個整體系統，則其便包含了性生理次系統、性心理次系統、性社會次系統及性文化次系統，而各次系統間相互作用、影響，成就了性這個系統的繁複樣貌。

我在性侵少年處遇實務中的一些觀察

接下來，我要分享一些我在實務工作中對性侵少年的觀察，這些觀察包括：行為現象、認知態度、價值觀及意識形態等，更能清楚地看出少年性侵行為受到生理、心理與社會文化等各個層面的因素所影響。

1. 性資訊的來源以網路和同儕為主

我所見過的性侵少年，絕大部分都向我坦承自己看過 A 片，而接觸到 A 片的管道，一是網路色情網站，另一則是同儕間相互流通。甚至，A 片的閱聽在少女族群中，也已經頗為普遍。這意味著，在少年對性的認知和學習方面，A 片占有相當的主導性及影響力，例如，強暴迷思或物化女性的思維，便藉由 A 片的傳播無形中根植人心。國內已有研究指出，網路色情的收視頻率，是預測青少年性態度、性行為與強暴迷思的顯著變項，亦即，愈常收看網路色情的青少年，愈傾向認為，和偶然認識的人發生性行為是可以接受的行為，也愈可能接受婚外性行為，並且愈傾向接受強暴迷思（羅文輝、吳筱玫、向倩儀、劉蕙苓，2008）。

為了有效破解 A 片或網路色情對少年的負面效應，性教育工作者不僅不該避諱談 A 片與網路色情，更應該成為少年的正向楷模，採用一種正常、開放、不曖昧的性態度，引導少年討論、了解 A 片與網路色情中所隱含之對性的迷思、謬誤及偏頗

態度，以深化性教育在日常生活中的實質效果。

2. 性犯罪的低齡化趨勢

在我的個案中，已有因強制猥褻行為而接受法院保護處分的小五男童，而男童業已進入青春期，對性開始感到好奇，且有藉由嬉鬧、惡作劇來探索異性或同性身體的慾念和動作。隨著青春期的提早到來和色情資訊的容易觸及，性犯罪的低齡化似乎可以預期，這也提醒我們，必須儘快落實性教育與性別平等教育於國中／小校園，而老師和家長也都有責任學習如何面對、處理兒少的性議題。

3. 傾向合理化自身性侵行為

如同犯罪學家 Matza 和 Sykes 的中立化技術理論（techniques of neutralization theory）指出，少年犯罪者保有傳統的價值觀和態度，但是卻因學得一些技巧，致使其能衝破傳統道德觀念的束縛，進而「漂浮」（drift）於合法與非法行為之間（許春金，2000）。在我的實務經驗中亦發現，少年有合理化自身性侵行為的傾向，例如，少年會有女生穿著過於暴露或行為太過隨便而導致被性侵的「否定被害人」想法。再者，因合意性交而觸法的少年較強制性交／猥褻者更難以同理被害者，這是因為他們認為，對方是自願發生性行為的，自己並沒有傷害對方，基於此種「否定損害」的思考，他們對司法處遇存有相當程度的抗拒。

合理化機制的存在，往往讓犯罪少年的認知與實際行為產生很大的落差，亦即，原則上，少年雖仍接受一般的傳統社會規範與價值，但行為時卻可找到一些似是而非的理由來合理化自身的犯行，也藉此規避行為後的責任與避免心理上的認知失調。

4. 性態度保守，性行為開放

在華人文化中，性經常是社會大眾避而不談的曖昧、尷尬議題，也因此，人們內在對性的態度與價值觀，往往與外在言行的呈現頗不一致。在已擁有許多性經驗和多重性伴侶的性侵少年身上，我不時見到「性態度保守，性行為開放」的矛盾現象，例如：不贊成婚前性行為與性關係混亂、不同意墮胎或未婚生子、不認可強暴迷思（然經常用半推半就方式與異性發生性關係）、反對約會強暴或性侵行為，以及欠缺情感基礎而直接進入性行為等。

5. 欠缺多元性別的思維

生活在傳統「重男輕女」、「男剛女柔」的單一性別文化底蘊之下，縱使多元性別或性別平權的口號已被大聲疾呼，甚至立法保障，但大多數人在日常人際互動情境裡，仍習慣性地依循傳統性別腳本的設定，而表現出符應異性戀之性別角色期待的行為。單一的異性戀主流視框壓縮了不同性取向者的生存空間與權益，就我觀察，不僅是性侵少年，就連一般時下的少男少女，也相當欠缺尊重差異的多元性別思維。譬如，我的許多少年個案，無論男女，幾乎都認為男生要有男子氣概，接受「男兒有淚不輕彈」的情緒壓抑模式；而在兩性交往方面，還是服膺「男主動，女被動」的追求型態，並同意出遊時應由男方付費的觀念，此外，亦有用性行為來確認彼此親密關係的傾向。令人訝異的是，即便中／小學的性別平等教育推行已久，但身處異性戀意識形態中的少年，仍相當排斥同性戀傾向者，視之為噁心、不正常。

6. 具封閉特性的家庭系統

在和性侵少年及其家庭的接觸經驗中，我發現，家庭內的氣

氛相當嚴肅、不安、帶有火藥味兒；家庭成員間的情感關係，看似冷淡、疏離，實則糾纏、矛盾；家庭互動中少見情緒表露、以溝通處理差異及給予正向回饋；少年自覺在家中不被重視，通常有自卑和低自尊的傾向。另外，性侵少年的家庭常見父母婚姻關係不和諧，少年甚至多有目睹家暴或自身被暴力管教的生活經驗，導致其認同以暴力解決問題的行為模式。最後，在接觸兄妹亂倫家庭時，我屢屢有一種直覺，就是家庭內似乎會出現一股曖昧的氛圍，潛在地鼓動子女代替情感不睦的父母施行夫妻間的性行為，以完滿這個家的親密關係需求。

7. 對自慰（手淫）的錯誤認知

明顯地，許多性侵少年相信民間流傳的一些錯誤性觀念，自慰就是最好的例子。至今，不少少年仍認定自慰是骯髒、對身體有害（造成「敗腎」），且可能導致不孕，故會害怕自慰。在如此性態度的影響下，便往往忽略自慰行為其實是單身者性生活的正常抒解方式，亦可消解青少年生理上的性衝動。進行晤談時，我會儘量讓少年了解，自慰有害之處通常在於心理層面而非生理，以破除一些毫無根據的性迷思。

少年性侵犯罪成因的系統觀詮釋

多年來的實務經驗，讓我在面對人群行為時，逐漸放下線性因果的思考邏輯，而改採互動因果關係的系統觀來看待環境中的個人，並著重人與環境間的相互作用。統合生理、心理及社會文化等各面向的影響因子，我對少年的性侵害犯罪成因作如下的解讀（請參考下頁「少年性犯罪成因的系統觀詮釋圖」）。

少年性犯罪成因的系統觀詮釋圖

社會文化環境　　　　　　　　　　　　　社會文化環境

「全人」的性系統

性生理次系統：
1. 先天的氣質因素（遺傳）
2. 進入青春期後的性驅力
3. 對性的刺激好奇、敏感，引發身體上的性反應（如：陰莖勃起、陰道潮濕、情緒亢奮……等）
4. 酒或藥物的催化

性社會文化次系統：
1. 性別角色的社會建構：不平等的性別權力位階、男強女弱的兩性互動模式、男主外女主內的性別分工型態等
2. 色情媒介（A片）的刺激影響
3. 當下情境的促發因素
4. 早年家庭生活經驗／親子關係的影響
5. 學校／同儕／社區／大眾傳媒（網路）／流行文化的促動力量
6. 追求物質享受的生活型態
7. 笑貧不笑娼／物化女性身體的社會氛圍

性心理次系統：
1. 正向／負向情緒、感受
2. 性態度與價值觀偏差：認知扭曲、強暴迷思、合理化機制
3. 對親密、隸屬感的渴望
4. 對權力／控制的慾求
5. 負面自我評價／低自我價值感
6. 現實感／道德意識弱
7. 人際壓力因應的挫折／困境

青少年性犯罪行為：
未成年人的合意性交、強制性交／猥褻、家庭內性侵（亂倫）、戀童、性騷擾、兒少性交易、妨害風化等

社會文化環境　　　　　　　　　　　　　社會文化環境

　　首先，受到荷爾蒙之內分泌機制的影響，少年步入到號稱「第二性徵」的青春期，除了身形產生急遽變化外，個體的生殖功能日漸成熟，亦開始出現明顯的性別差異。在以人類物種延續為目的之性生理機制驅使下，基於身體的發展成熟，少年開始對性感到好奇、有興趣，其對外在的性刺激相當敏感，並可能為了滿足性慾求或宣洩性衝動而伺機投入到性活動和性行為當中（阮芳賦、林燕卿，2003；唐子俊、唐慧芳、黃詩啟譯，2004；曾文星編著，2004；劉玉玲，2005）。然隨著青春期到來的性探索活動或行為，其背後的驅力也不單純是生理機制的促動，它更與個體心理和其所處的社會文化環境有關。

　　俗謂「一種米養百樣人」，人從受孕那一刻，就因遺傳基因的不同而有分殊性。繼之，懷孕期間的母體環境，影響著胎兒的情緒發展。出生後，新生兒帶著特有的氣質，開始與社會環境產生互動，透過照顧者的回應，其逐漸產生人際連結，並形成對外在世界的感受和看法。在個體成長的社會化歷程中，藉由受教、觀察、模仿、嘗試等有形／無形的學習機制，具強大感染力和穿透性的社會文化架構會一點一滴地移植、內化到個體的認知架構，進而左右人的行為、思考、情感、態度與價值，當然，也包括性的呈現方式。

　　性態度和性價值觀是反映人們在性議題上如何看待、如何行動的指南，兩者均受到整體社會文化環境的形塑與節制。然而，社會文化是如何對個體起作用呢？通常，乃是透過家庭、學校、社區組織（如宗教與民間信仰）、同儕團體、傳媒（網路）及流行文化等社會化機制。舉個最顯著的社會現象來說，由於時下追求物質享受、崇尚名牌的風氣，再加上「笑貧不笑娼」與物化女性身體的社會氛圍，致使少女自願從事有對價關係之援交行為，

而觸犯兒少性交易防制條例的案件屢見不鮮。況且，兒少性交易行為的背後，總是隱藏著毒品氾濫的莫大危機。不過，人也非僅是社會文化的被動接受者，亦會藉由思考、分析、判斷、評價等心理機制，批判、反抗或改變社會文化的僵化內涵，讓人們獲致更好的生活品質。故個體心理與社會文化之間，實存在著相生相成的辯證性運作。

在父權意識的社會結構下，男性特質似乎有著跨文化與跨世代的一致性，亦即，社會文化對男人該是什麼樣子是有些期待的；當我們說一個男人很 "man" 時，就好像在說他有攻擊性、有掠奪性、有競爭性、有拓展性、有冒險性、有控制性、有權威性、有操縱性（王大維、郭麗安，2005；王行，1998；王浩威，1998；俞智敏、陳光達、陳素梅、張君玫譯，1995；簡皓瑜譯，2004）。而透過社會化歷程，這些男性特質被內化到男孩心底深處的性別基模（scheme）裡，無形中亦成為男孩建構自我認同時的重要材料，且重點在於，欠缺男性特質的男孩就可能意味著不被同性同儕團體所接納及無法受異性所青睞。因此，「男孩」要轉為「男人」的宿命，便是藉由展現陽剛、強勢之男性特質來獲得認同、吸引異性目光；同時，男性特質的能否展現，也成為男孩與男人之自尊的重要來源。

在如此僵硬、封閉的性別架構底下，「男性特質」就猶如一套盔甲，讓我們的男性在兩性互動中皆成為硬梆梆的鐵漢子，忘卻內在真實情感有其溫暖而柔弱的一面，導致男性放棄學習用真誠的溝通、分享來與人接觸（making contact），以形成一種相互尊重、彼此隸屬的心靈交流；而習慣性地選擇用征服、控制之手段來確保自身作為男性的權力優勢，以此護衛內在的安全感和價值感。故 Groth（1980）曾指出，性侵害是一種「假的」性行

為（psuado-sexual acts），係由於情感脆弱和不安的行為人，無法處理日常生活中的緊張、壓力而產生的一種暴力行為，且行為人幾乎都有攻擊和性行為的參與，但性（sexuality）僅是表達其攻擊需求和感覺的一個工具（引自陳若璋，2001：71-72）。

　　是以，對於少年性侵害犯罪成因的看法，原則上我同意 David Finkelhor 與 Diana E. H. Russell 的多重原因論。Finkelhor（1984）與 Russell（1998）咸認為，性侵害行為的產生，要結合個人的內在動力，和社會外在允許的環境才會發生，缺一不可（引自張碧君譯，2003：130）。我的系統觀詮釋則是，生理上的性成熟（性生理次系統），有時伴隨酒精、藥物的催化，造成少年對外在性刺激的好奇、敏感，再夾雜著傳統父權社會的性別規範、色情媒介的強勢作用（性社會、性文化次系統），以及個體內在對權力、親密及自尊的渴望（性心理次系統），在生理、心理、社會文化等三者的交錯影響下，使得少年與異性／同性的性接觸成為其滿足自身生理／心理慾求的一種工具性（instrumental）歷程。換言之，性與權力、自我認同糾結在一起，無形中成為少年用來證明自身能力或優越的象徵。在此歷程中，人的身體則化約成標的性（objective）的「物品」或「商品」，而未被視為是一個完整的人。可預見的是，由於失卻感受內在真性情的能力，人際間的關係愈來愈疏離、淺薄與欠缺有意義的情感連結，故當個體渴望與他人親密時，其選擇的方式並非情感上的交流、心靈上的靠近，而係透過金錢交易抑或暴力相向的侵入型態。

- 王大維、郭麗安（2005）。正港男子漢？——臺灣男子氣概之建構及男性諮商模式初探。論文發表於中國輔導學會主辦之「2005年中國輔導學會年會暨國際學術研討會」，臺北。
- 王行（1998）。解放男人：男性的自覺與成長。臺北：探索文化。
- 王浩威（1998）。臺灣查甫人。臺北：聯合文學。
- 王燦槐（2006）。臺灣性侵害受害者之創傷——理論、內涵與服務。臺北：學富文化。
- 王崇名（2004）。社會學概論——蘇菲與佛諾那斯的生活世界。臺北：三民書局。
- 王瑞祺（2000）。家庭性教育。載於江漢聲、晏涵文（主編），性教育（頁432-458）。臺北：性林文化。
- 司法院（2006）。司法院統計專輯。司法院印行。
- 史錫蓉（譯）（2002）。防範青少年暴力犯罪。臺北：新苗文化。
- 朱侃如（譯）（2002）。權力與無知。臺北：立緒。
- 吳就君（2004）。婚姻與家庭。臺北：華騰文化。
- 吳敏欣（1999）。少年強姦犯兩性經驗與性價值觀之研究。東海大學社會工作學系碩士論文。
- 李亦園（1992）。人類學與現代社會。臺北：水牛。
- 阮芳賦、林燕卿（2003）。人類性學。臺北：華騰文化。
- 周煌智（2003）。九二一大地震倖存者精神疾病追蹤研究。國立陽明大學公共衛生研究所博士論文。
- 易之新（譯）（2002）。生命的禮物——給心理治療師的85則

備忘錄。臺北：心靈工坊。

- 林芳玫（1999）。**色情研究——從言論自由到符號擬象**。臺北：女書文化。

- 林瑞穗（譯）（2002）。**社會學**。臺北：雙葉書廊。

- 侯崇文、周愫嫻（1997）。**青少年被害問題之調查研究**。行政院青年輔導委員會編印。

- 俞智敏、陳光達、陳素梅、張君玫（譯）（1995）。**女性主義觀點的社會學**。臺北：巨流。

- 范國勇（2000）。強姦犯罪問題與被害人創傷症之探討。**警學叢刊，31**（3），69-95。

- 范庭瑋、李俊宏、盧怡婷、唐心北（2009）。從心理社會層面探討影響青少年性犯罪成因之研究——以臺灣司法精神鑑定的案例。**亞洲家庭暴力與性侵害期刊，5**（1），91-108。

- 唐子俊、唐慧芳、黃詩啟（譯）（2004）。**青少年與家族治療——衝突與控制的解套方案**。臺北：張老師文化。

- 馬傳鎮（2008）。**犯罪心理學新論**。臺北：心理。

- 馬康莊、陳信木（譯）（1995）。**社會學理論（上冊）**。臺北：巨流。

- 張景然（2001）。**青少年犯罪學**。臺北：巨流。

- 張碧君（譯）（2003）。**危險關係：色情、污蔑女性與強暴**。臺北：韋伯文化。

- 張龍雄（譯）（1992）。**性關係社會學**。臺北：遠流。

- 梁玉芳（1998）。**記得月亮活下來**。臺北：勵馨叢書。

- 許春金（2000）。**犯罪學**。臺北：三民書局。

- 陳若璋（2001）。**性罪犯心理學——心理治療與評估**。臺北：張老師文化。

- 陳若璋（2007）。性侵害加害人團體處遇治療方案——本土化再犯預防團體模式。臺北：張老師文化。
- 陳秉璋（2003）。性美學教育：性、色情、裸體藝術。臺北：揚智文化。
- 陳美燕（2006）。青少年性侵害加害人處遇之法律困境研究。高雄師範大學性別教育研究所碩士論文。
- 陳婷玉（2009）。真人版VS.卡通版：年輕女性的A片經驗詮釋與文本偏好研究。臺灣性學學刊，**15**（2），17-34。
- 曾文星（編著）（2004）。性心理。香港：中文大學出版社。
- 游美惠（1990）。臺灣色情海報的解讀分析。臺灣社會研究季刊，**14**，77-99。
- 黃富源（1982）。犯罪黑數之研究。警政學報創刊號。桃園：中央警察學校。
- 黃富源（2008）。兒童少年妨害性自主罪之研究。法務部全球資訊網電子圖書。取自網址http://www.moj.gov.tw/public/Attachment/92216593851.pdf
- 黃軍義、陳若璋（1997）。強姦犯罪之成因及相關問題之研究。臺北：法務部。
- 黃軍義（2000）。強姦犯罪的心理歷程（一）：理論分析。本土心理學研究，**13**，3-52。
- 黃世杰、王介暉、胡淑惠（譯）（2000）。兒童性侵害——男性性侵害者的評估與治療。臺北：心理。
- 黃俊豪、連廷嘉（譯）（2004）。青少年心理學。臺北：學富文化。
- 黃鴻禧（2008）。男性少年性侵害加害人自我控制與日常活動型態之研究。中央警察大學犯罪防治研究所碩士論文。

- 黃秀娥（2006）。成人影片的來源及公眾態度研究。樹德科技大學人類性學研究所碩士論文。
- 楊中芳（1993）。試論如何深化本土心理學研究：兼評現階段之研究成果。**本土心理學研究，1**，122-183。臺北：臺灣大學心理學系本土心理學研究室。
- 鄒川雄（2000）。**中國社會學實踐**。臺北：洪葉。
- 劉玉玲（2005）。**青少年發展——危機與轉機**。臺北：揚智。
- 蔡德輝、楊士隆（2000）。青少年性侵害行為與防治對策。載於蔡德輝、楊士隆（主編），**青少年暴力行為——原因、類型與對策**（頁257-282）。中華民國犯罪學學會印行。
- 鄭瑞隆（2006）。**兒童虐待與少年偏差：問題與防治**。臺北：心理。
- 簡皓瑜（譯）（2004）。**性與性別**（第二版）。臺北：巨流。
- 羅文輝、吳筱玫、向倩儀、劉蕙苓（2008）。網路色情對青少年性態度與性行為的影響。**傳播與社會學刊，5**，35-69。
- 羅燦煐（1995）。解構迷思，奪回暗夜：性暴力之現況與防治。載於劉毓秀（主編），**臺灣婦女處境白皮書**（頁257-308）。臺北：女性學學會。
- 顧仁明（譯）（2001）。**金錢、性別、現代生活風格**。臺北：聯經。
- Awad, G. A., & Saunders, E. B. (1989). Adolescent child molesters: Clinical observations. *Child Psychiatry and Human Development, 19*(3), 195-206.
- Bischof, G. P., Stith, S. M., & Whitney, M. L. (1995). Family environments of adolescent sex offenders and other juvenile delinquents. *Adolescence, 30*(117), 157-171.

• Blaske, D. M., Bordin, C. M., Henggeler, S. W., & Mann, B. J. (1989). Individual, family, and peer characteristics of adolescent sex offenders and assaultive offenders. *Developmental Psychology, 25*(5), 846-855.

• Brownmiller, S. (1975). *Against our will: Men, women and rape.* New York: Simon & Schuster.

• Burt, M. R. (1980). Cultural myths and supports for rape. *Journal of Personality and Social Psychology, 38,* 217-230.

• Caputo, A., Frick, P., & Brodsky, S. (1999). Family violence and juvenile sex offending: The potential mediating role of psychopathic traits and negative attitudes toward women. *Criminal Justice and Behavior, 26*(3), 338.

• Clark, L., & Lewis, D. J. (1977). *Rape: The price of coercive sexuality.* Toronto: Canadian Women's Educational Press.

• Hardy, M. (2001). Physical aggression and sexual behavior among siblings: A retrospective study. *Journal of Family Violence, 16*(3), 255-268.

• Hoghughi, M., Bhate, S., & Graham, F. (1997). *Working with sexually abusive adolescents.* London: Sage.

• Luo, T. Y. (2000). "Marrying my rapist?!" The culture trauma among Chinese rape survivors. *Gender & Society, 14*(4), 581-597.

• Malamuth, N. M. (1996). The confluence model of sexual aggression: feminist and evolutionary perspectives. In D. M. Buss & N. M. Malamuth (Eds.), *Sex, power, conflict: Evolutionary and feminist perspectives,* 269-295. New York and Oxford University Press.

• Marshall, W. L. (1989). Invited essay: Intimacy loneliness & sexual offenders. *Behavior Research and Therapy, 27*, 491-503.

· Moore, S., & Rosenthal, D. (1993). *Sexuality in adolescence.* New York: Routledge.

· Risin, L., & Koss, M. (1987). Sexual abuse of boys: Prevalence and descriptive characteristics of childhood victimization. *Journal of Interpersonal Violence, 5,* 327-329.

· Ryan, G., Lane, S., Davis, J., & Issac, C. (1987). Juvenile sexual offenders: Development and correction. Special issues: Child abuse and neglect. *Child Abuse and Neglect, 11,* 385-395.

· Schwendinger, J., & Schwendinger, H. (1983). *Rape and inequality.* Beverly Hills: Sage.

一個社工師的喃喃自語：
　　　青少年輔導工作手記

第17話　重構溫潤滋養的親子關係：
Satir 取向家族治療運用於性侵少年輔導之個案報告

　　關於本文，最貼切的說法是，一個實務工作者在講一個晤談室中親身經歷的故事。亦即，我如何秉持薩提爾（Virginia Satir）的系統觀和人本精神，採取家庭處遇作為介入方法，對一個性侵害少年及其母親進行輔導處遇的實踐歷程。作為一篇實務報告，本文的書寫核心不在於精準地呈現少年個案行為問題的診斷與分析，也不在於證明家庭處遇作為一種性侵少年的輔導策略是如何地有效，而是希望透過此家庭處遇歷程的敘說，整理出我這個助人者的工作價值與方法、對青少年性侵害犯罪成因的解讀，以及統整自身對性侵少年輔導的實務經驗。

 ## 楔子：與第一個性侵害個案相遇……

　　2000 年，我進入少年司法體系工作的第一年，調查官交付給我評估、輔導的第一個少年就是性侵害個案，而且還是家庭內的性侵害事件，亦即俗稱的「亂倫」（incest）。古今中外，特別在較為保守的華人社會裡，由於強調「家醜不可外揚」，亂倫乃是相當隱諱的禁忌話題，常被視為是家庭裡最深的祕密，且不易被揭發，因此，社會大眾對於亂倫事件的了解頗為有限（周煌智、文榮光主編，2006；陳若璋、施志鴻、劉志如，2002；彭竹嬌，2002）。當然，上述的「社會大眾」自也包括我這隻初出茅

廬的「輔導菜鳥」。

　　那時，該少年的承審法官是高雄少年法院的何明晃法官，調查／保護官是已退休的吳進富觀護人。在與個案共處的三年四個月時光裡，我很感謝法官和保護官的包容和支持，讓我這個甫進法院的新手「為所欲為」。時至今日，吳觀護人要我「放手去做」，他會「全力相挺」的交心場景猶歷歷在目，這位觀護界的老前輩一定不知道，他推的這一把，促使我多年來勇於在助人道路上不斷地摸索和試誤（try and error），透過一點一滴的實務經驗累積，慢慢地去建構出屬於我自己的助人架構——一種「社工」和「諮商」兼具、「系統」參照「動力」的視框。喔！對了，為什麼和個案工作的期間長達三年四個月呢？原因是四個月的觀察外加三年的保護管束處分。

　　面對生平第一個性侵害少年，讓我經驗了很多的第一次，包括：第一次見識到醫院精神科的心理衡鑑報告；第一次同個案在晤談室裡沉默了十多分鐘，而我不知道要做些什麼，無力和焦慮感充斥心頭；第一次用心地撰寫個案研究與召開個案研討會，我記得，自己曾經認真到幾個晚上沒好好闔眼；以及最重要的，第一次進行案家人都到齊的家庭晤談，然後督導吳就君「委婉」地告訴我，我所進行的家族治療好像「家庭教育」，這個譬喻的意思是，作為一個系統治療師，我的指導性太強、專業權威的色彩太濃厚。在三年多的輔導、陪伴期間，個案不時地讓我領略到許多事，無論在專業知能方面的學習成長，抑或是生命力量方面的感動覺察。我常想，表面上雖像是我這個「專家」在助人，但實際上，我從個案獨特而寶貴的生命經驗中所得到的啟迪，遠遠超過我能給個案的，是以，個案是我的「老師」，當之無愧！

　　2009 年，我在法院擔任心理輔導員的第十年，若除去妨害

性自主案件中所謂的「合意性交」部分，我曾經運用家族治療作為介入方法輔導過五個亂倫案件，其中一個少年有著「扮異性症」（transvestism）傾向；強制性交案件則將近十件，其中有兩件案發時還是兒童。個案量雖然為數不多，但每一件都曾令我費盡心思，並留下深刻印象。作為一個輔導工作者，勢必會關心處遇成效如何的問題，誠如犯罪學者所言，性罪犯若未能接受完整有效的處遇治療與監控，其再犯的危險性甚高（林明傑，1999；陳若璋、劉志如，1999；黃富源，1997；黃軍義，2000；鄭瑞隆，2002）。感謝上蒼！就我私底下的追蹤、探詢，這些個案截至目前尚無再發生性犯罪行為。然而，以這些個案的挑戰性之高，輔導處遇能夠發揮再犯預防的成效絕不僅僅歸功於我一人，司法體系內法官、保護官、心理測驗員等專業角色團隊式（team work）的通力合作，體系外督導和專家學者的批判指引，皆是不可或缺的一環。當然，更不可輕忽的是，案主本身的正向發展力量及來自原生家庭（特別是父母）的支持和不放棄。

　　會使用家族治療作為輔導性侵少年時的介入方法，一來是源自於我對學習與實踐家族治療的關切。家族治療是個範疇相當廣泛且難以界定其意義的治療典範，這導因於家族治療中涵蓋了數種不同概念取向的學派，且彼此間的歧異遠大於相似，包括：結構派（structural）、策略派（strategic）、行為派（behavior-social exchange）、心理動力派（psychodynamics）、系統派（family system）、經驗派（experiential），及後現代主義的敘事取向（narrative）、焦點解決取向（solution-focused）與合作取向（collaborative）等。

　　不過，吳就君、李萍、謝秀芬等指出，縱使家族治療的特徵很難一般化，但幾乎所有的家族治療者均將關懷家庭功能視為治

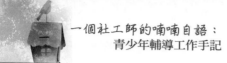

療的重心，並把改變家庭系統作為介入的目標。換言之，家族治療者視家庭為一個體系，有其完整性、結構性、封閉性及範圍性，且家庭體系內具有界限（boundaries）和次系統，次系統間相互作用、影響，並因擁有自我調節（self-regulating）機能而會維持或回復到某種衡定狀態。當家庭因失功能前來求助時，治療者並非著眼於家中的某個問題成員，而係關注成員間或各次系統間的互動關係。故家族治療者需對系統理論和家庭發展階段理論有所了解，並能將理論實際運用到治療過程中（引自內政部，2000：429-430）。因此，當家族治療師從系統的觀點來審視家庭功能的健全與否時，均會將注意力放在家庭的運作型態、成員彼此間的關係、成員間的互動模式與溝通方式、家庭規則等議題。

再來，則是受到美國家族治療大師 Virginia Satir 對亂倫議題的看法。Satir 認為，孩子建構自己為一個有性的人，最重要的是從雙親確認他／她的「性」開始，故性認同是親子三人學習的系統；父母確認子女是「有性的小人」（small sexual person）的最主要方式，是藉著夫妻關係功能良好、彼此感覺滿足的方式表現出來。倘若在失功能的家庭，父（母）會透過公開表達的期許和需求，來培養兒女亂倫的情感（吳就君譯，2006）。是以，我推論少年的性侵行為發生背後必有其潛隱的家庭動力成因。有鑑於此，每逢我遭遇性侵少年，家族治療便成為我進行個案處遇時的重要部分。

關於我這個助人者的工作價值與方法

「人們通常不認為自己有價值。

我覺得，除非他們開始感到自己有價值，

否則不可能發生任何改變。

這時身為治療師的我，

就成了一個人接觸自己價值感的首要途徑。

我和家庭相遇，就從這裡開始。」

（Virginia Satir 語，吳就君譯，2006）

　　我從來沒親眼見過家族治療大師 Satir 女士，她 1982 年來台時我還很小，約莫十歲吧！不過，因為我的師父吳就君，Satir 成了影響我很深的人，無論在專業認同或生活意義的建構上。透過吳就君，Satir 在我就要放棄助人工作時進入我的生命，而成為支持我繼續從事助人服務的重要動力。也由於長期跟隨吳老師學習團體動力和家族治療，讓我常有機會觀想 Satir 這個人，所以 Satir 的圖像在我腦海中是活生生的，很鮮明。我描繪出的 Satir 圖像，似乎是一個能貼近人的心、滋潤人的情、對人極度尊重、能給人力量、卻又不失去人我界限的慈慧長者。或許，我所認識和貼近的 "Satir" 一直不是美國的 Satir，而是臺灣的吳就君，但這絲毫無損於 Satir 在我心中的重要性，畢竟，是 Satir 影響了吳就君，而吳就君影響了我。

　　一開頭便引用了 Satir 的一番話，這段文字雋永地銘刻在《聯合家族治療》一書的封面，我已咀嚼不下數十回，它也成了

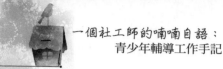

我從事助人工作的重要核心價值之一。Satir 相當看重「自我價值」（self-worth），她認為，自我價值（或稱「自尊」）位於人的根本層次，是個體內在系統的能量中心，亦是人生最重要的動力資源；人唯有欣賞自己、珍愛自己，生命的力量才能源源不絕（吳就君譯，1994）。若傷害了一個人的自我價值，便等同於失去了與其建立良好接觸的機會；再者，當一個人陷於低自我價值感時，他／她必須得藉助種種防衛機轉來保有與維護自尊，導致這個人處於扭曲的不一致狀態，進而衍生出形於外的問題行為或心理症狀。因此，提升自我價值始終是 Satir 的治療焦點（吳就君譯，2006；江麗美、魯宓譯，2008）。在助人的歷程中，我經常發現，很多人誤解了自我價值的內涵，容易把自我價值等同於「只要我喜歡，有什麼不可以」式的自我中心論調，甚至不自覺地產生「我好，你不好」的優越態度，以致忽略了自我價值是建立在一種相互尊重、彼此珍視的人際互動上。

然而，人的自我價值根源於何處？Satir 指出，係個體為了求生存而學習自原生家庭（吳就君譯，1994）。換句話說，一個人如何認識自己、感受自己、看待自己與評價自己，其最重要的源頭乃在於最初的三角關係（the primary triad）：母親、父親及孩子（林沈明瑩、陳登義、楊蓓譯，1998）。故 Satir 視孩子為家庭關係和家庭互動下的產品，而父母的管教態度對子女的發展有著深遠的影響，因為孩子如何看待、應對周遭世界的視框是由家庭／父母所培養。由此，也可以了解，在從事心理治療時，Satir 著眼的不是「病態」或「偏差」，而是妨害人們成長與進步的人際關係，故其致力於引導人們如何清晰地溝通彼此的想法、感受，如何做好家庭工作和人群關係，如何使每一獨特的個體能發展出健全的人格（吳就君譯，2006）。因此，在 Satir 眼

中，改變不是一種問題解決或消除症狀的歷程，乃是一種轉化的歷程，亦即，在舊有習慣模式的基礎下，透過吸收新的、更合適的、具建設性的思維和行為模式，促使個人更具彈性、更富選擇性地面對壓力情境。

或許可以這麼說，Satir 的獨特之處正在於她的風格及其所散發的「人味」；而我認為，她的人味乃是由樂觀和對人類熱愛的態度、剛柔並濟的氣質、對人充滿正向意圖的積極信念所促發，這些正是 Satir 的治療裡最動人的元素。Satir 自己曾表示，她沒有辦法傳授她所用的技巧，她所能教的是讓治療者成為真正的自己，去覺察自己在治療中的反應；雖然晤談技巧、面質、支持技巧等均是治療者所應具備的，但 Satir 更強調治療者本身的自我實現、真誠與一致，而這也正是我在吳就君之經驗學習法引導下所得到的體悟。想提醒的是，當後學者要發展出所謂薩提爾「模式」（the Satir model）時，要相當小心，不要讓「薩提爾」變成一本只重技巧、按表操課卻毫無人味的「操作手冊」。

在從事觸法少年輔導工作的這些年，我經常能夠深刻地碰觸到少年內在的低自我價值感。或許少年的外表常是如此的冷漠、暴怒、桀敖不馴和自以為是，但骨子裡卻總埋藏著一份孤寂、害怕和焦慮不安。由於受到 Satir 人性觀與系統觀的影響，一者，若有機會，我很難不對問題的源頭──親子互動關係去介入處理。再者，我深信，人是有能力追求成長的存在主體（蘇益志，2006）；是以，我習慣在輔導關係中營造出希望感，並催化出一種守護住案主能力感和內在正向資源的改變氛圍。我的實務經驗告訴我，一旦欠缺這些成長性力量，案主便難以將改變從想法落實為行動。

在面對個案時，我是這麼看待走進晤談室中的「人」──人

是生存在社會文化脈絡下的產物，而透過家庭機制和社會化過程
（socialization），人學習與內化種種的社會規範、信念、價值
觀與生活態度；縱使某種程度上，人已被生存情境所塑造，但人
卻仍有了解自己、為自己做決定的責任和能力（蘇益志，
2006）。因此，對我來說，「社會／文化」環境與個體心理是無
法分開論述的，「社會／文化」環境機制在有形、無形中對建構
個體如何思考、感受及行為有著決定性的影響（李亦園，1992；
林瑞穗譯，2002）；這個環境機制與個體的關係是全面且無所不
在的，它是一套不斷在運作的整體思維系統，隨時隨地，有時甚
至是不知不覺地滲入個人思維架構之中（楊中芳，1993）。

三 說一段晤談室中的故事——從個別輔導到家族治療的歷程轉換

 緣起

　　第一次見到案主小柏（化名），是在我帶領的「兩性教育輔
導團體」中。案主在團體中很安靜，不太願意說跟動，上課時也
常心不在焉、一臉漠然。幾次團體下來，其實我和案主沒有太多
的互動，但我很留意他的一言一行，因為後續我們將會有輔導關
係的開啟。當時，案主剛上國一，會進入少年法院，係因小六時
猥褻同社區女童的「妨害性自主」案件。

　　接案前，保護官告知我一些關於案主的訊息，包括：單親家
庭、目前的主要教養者為案母、案父酗酒並於案主小三時意外身
亡、曾目睹家暴而本身也有受暴之創傷經驗、曾被社會局安置於

寄養家庭、現有學校生活及人際適應等問題。這些訊息之中，尤以案主本身的受暴經驗最觸動我。Wolf 便曾指出，性侵害者早期大多有受身體或性侵害的經歷（不論是生理或情緒上的虐待），並在一個功能失衡的家庭中長大；再者，早年的受虐經驗會成為「潛在因素」，導致偏差性行為的發展（陳若璋、施志鴻、林正修，2003）。而這也讓我先對案主的內在心理狀態和人際關係型態有些初步的想像，例如：性格上的內向退縮、對案母的情感依賴、低自尊和負面的自我概念、對人有不信任和疏離感、對未來有不確定性和無意義感、矛盾複雜的情緒糾結（憂鬱、生氣、害怕及罪惡感等）、對權力的敏感與需求，及欠缺自信心和能力感等。不過，這些想像的確在後來的晤談中一一驗證，且這些特質的存在，也意味著光是要和案主培養輔導關係就是很大的挑戰。

　　除了訊息的提供，我很感謝保護官對輔導工作的全力配合與支持，她的信任和尊重給了我一個彈性相當大的處遇空間，再加上法律賦予保護官監督、約束少年的強制力，更讓我得以在有所奧援的狀況下「試誤」。在實施輔導晤談時，我希望自己和案主間維持的輔導關係是趨近於平等的，且儘量設法把因任職法院而可能帶給案主的權威感受消解掉，促使案主在過程中逐漸產生自願來談的主動性。而藉由保護官法律執行的角色存在，讓我便於跳脫出案主之權力情結的糾纏，並能結構出安全、信任、溫暖、尊重的晤談情境。換句話說，保護官代我概括承載了司法公權力在建立輔導關係上的包袱（蘇益志，2006）。故作為一個少年司法體系中的心理輔導員，與案主之輔導關係背後有著保護官的角色功能及強制力撐持，對我而言不僅重要而且是必需的協助。

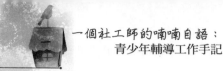

與案主母子的初次相逢

　　至今，我還清楚記得第一次會晤案母美華（化名）和案主小柏的情景。涼爽舒適的晤談室裡，我卻一點也自在不起來，因為無論我提問些什麼，案主不是低頭沉默以對，便是用「不知道」三個字回應。案母在一旁則很焦急，不時語帶嚴厲地輕叱案主「講話啊！……老師在問問題你怎麼不回答……」後來，我舉白旗投降，只好先將案主晾著，直接從案母處進行與案件過程有關的資料收集。案母倒很能談，不過，三句話裡大概就有一句數落案主的不是。晤談中，案母整個人的狀態讓我有些壓迫感（我相信案主也跟我有同樣的感覺），她太焦慮了！

　　藉由專注傾聽、情感反映、訊息的澄清與同理，我試著貼近案母的內在感受、想法。在引導案母自我表露的過程中，案母哭了！「眼淚」告訴我，我的了解深刻地觸動了案母這個人，她接收到我的尊重和不帶評價、批判的接納。我感知到案母焦慮不安的狀態，一者出自於對「未知」的恐懼，案母對案主為何有此性侵行為感到不解，更害怕、擔心案主再犯；再者是因「自責」而有的罪疚感，案母自覺沒有扮演好親職角色，也對日漸步入青春期的案主有著管教上的無力反應。而受到情緒氣氛的感染，案主也不時抬起頭來，注視我和案母的對談，即便案主還是不太願意回應我的提問。

　　對案主的不配合，我是有點生氣的。但類似如此的抗拒反應，在我從事非自願性個案的輔導經驗中自是不陌生，通常我知道，在個案的「武裝」表象下，有一顆害怕而無助的心，因為他們從未接觸到本身握有得以成長、改變的潛能。也緣於這樣的信念，我並沒有產生太大的無力感或挫敗感。只是在初次晤談後，

我便打定主意，不會讓案母在後續晤談中缺席，我的直覺是，案母會是促使案主與案家發生改變的重要力量。晤談結束前，我簡略地對案主母子分享自己在法院中輔導性侵少年的成功經驗，並強調案主若無意願承擔改變的責任，則其再犯和失去自由的可能性極高，藉此讓案主明白行為後果的嚴重性，以增加其改變的動機。我誠摯地表示需要他們的協助一起來創造改變的可能性，案母承諾願意配合晤談的進行，案主則不置可否，但已無剛進晤談室時的冷漠、拘謹。

從案母離去時的焦慮感降低及案主露出難得的笑容，我確信，透過初次會晤，我獲得了案母的信任和案主的不排斥。我的「介入」，讓案母不再那麼無助，亦對案主的改變燃起希望；只是，我和案主間的信任基礎仍是不足，故在針對親子關係系統進行處理前，我必須設法在輔導關係上有所突破，讓案主實在地感受到我不是代替保護官監控他的人，亦非是和媽媽一個鼻孔出氣來管他的人，而是抱持著支持、關心態度，希冀推動他發生改變的「專家」。有鑑於此，我所選擇的輔導策略是個別晤談輔以家庭治療的雙軌並行路徑。做此選擇的理由有三：其一，與案主個別晤談之目的在於輔導關係的持續建立和維持穩固。此外，我也不排除與案母進行個別晤談，因為案母可能有個人的情感議題需深入探討，而案主不適合在場。其二，我發現到母子關係中的矛盾糾結及溝通上的曖昧性，因此想透過親子間直接互動的實地觀察，了解案母的管教型態對案主和兩人關係的影響為何；其三，藉由導引出母子間的正向溝通方式和對彼此間的新觀點、新感受，促使親子互動關係產生轉化，讓個人或家庭因受阻所產生的破壞性力量轉變成具有滋養性的能量。

「孵」關係：形成工作同盟的挑戰

初次會晤後，我把能夠與案主形成「工作同盟」設為主要的輔導目標。因為工作同盟已成為所有心理治療的共同元素（周立修、蔡東杰等譯，2005），我希望案主發現我是一個接納且對他有興趣的工作伙伴。於是，我接連著與案主進行七次個別晤談，其中包括三度採用沙箱物件所進行的遊戲型態。不過，輔導關係的建立並非一帆風順，案主於初期的遲到、缺席、談話內容的表淺或習慣性的沉默、打哈欠等行為表現，都顯示出其對來談依舊消極、被動，更談不上改變動機的提升了。雖然輔導關係的進展頗為牛步，但我還是藉由接納、同理慢慢地與案主的內在狀態產生連結。縱使變化的幅度不大，但案主的說話量及參與晤談的主動性的確有逐漸增加。特別在玩沙箱時，案主的情緒狀態最high，不僅玩得很專注、很享受，還會喃喃自語及自動向我提問、攀談。透過遊戲操作過程的觀察，我認為案主似有退化（regression）的心理防衛機轉，且心智年齡也較一般同年紀的男孩低，此對案主的人際關係必定會產生負面影響。

這段期間，透過兩次臨時性的親子聯合晤談，我試著弄懂案母、案主間糾結的溝通型態。首先，案母本身處於低自我價值狀態，十分重視外界的評價和看法，故孩子便成為其投射自身需求的對象，一旦孩子的表現不若預期，就可能遭受到指責、否定，長此以往，案主也成了低自尊的人，更有甚者，由於缺乏正向的情感交流與回饋，案主可能會覺得反正自己不被案母接納、關愛，且怎麼做都不對，便形成一種習得無助感式的生活態度。

再者，我數度覺察到，案主內在對案母和現實生活環境壓抑著許多不滿與憤怒，然更深沉的是，案主心底潛藏著一股焦慮感

極高的害怕，可名之為「擔心被拋棄的恐懼」，故與同年齡的少年相較，案主相當「黏」案母，對案母有極深的情感依賴。這份「黏」，讓案主在青少年階段的「分化」（differentiation）任務上產生危機，並產生認同發展上的問題。

　　第三，案主母子的情感互動皆相當矛盾且不一致，案母一則期待案主能成熟、獨立，但又習慣性地視案主為能力不足的「小孩」，故往往無法適時放手讓案主擁有做決定的行動空間，而此隱藏的訊息乃是控制、不信任，無形中等於告訴案主可以不要長大；相對地，案主沒有接收案母形諸於外的期待，而是選擇接收了藏諸於內的情感訊息──不要長大，而這個選擇正好也與案主另一股害怕被拋棄的內在恐懼感相結合，亦即，案主幼年曾因案父家暴而遭寄養與母分離，故很怕失去媽媽的經驗再現，因此，案主潛意識裡產生「只要自己不長大，媽媽就不會離開」的退化機轉。

　　藉著親子聯合晤談，我也讓案主母子了解到，我沒有要和任一方站在同一陣線，對付另一方。我會同理、接納各自的情緒感受，避免用「問題」來標籤誰，也儘量不用是非對錯來對人作評價。更要緊的，我重新框架（reframing）了案主的性侵行為，將案主的行為一般化（normalizing），視為是「案主進入青春期後，基於對性好奇而產生的性探索活動」，而案主該學習的是增加自我控制能力、對人的尊重和對性知識的充分理解。此舉不但讓案母正視「性」為案主現階段的重要發展課題，亦減低其內在的恐懼與焦慮；案主則是感受到我未將他這個人問題化、病態化，故能較自在地參與晤談。

　　在兩次聯合晤談後，我分別得到來自母子兩人的正向回應。案主在一次個別晤談中主動對我表示，他想跟我談學校裡的問

題，希望我能幫他解決與同學互動間的困擾；而案母則提出想與我做個別諮商的要求，她覺得自己有些情感上的問題一直沒有解決，導致她常有煩躁的情緒狀態，也間接影響到她和孩子之間的相處品質。

後來，我和案母進行了三次個別晤談，談話內容包括：催化案母抒發抑鬱的情緒能量、引導案母覺察自身的焦慮和低自尊來源、探討婚姻失敗對自己和孩子的影響、肯定案母的能力和努力及正視孩子長大的事實等。在歷經與我的晤談後，案母似乎開始能將生活重心放在自己身上，而不是一味地把能量與注意力都集中於案主一身。此種轉向意味著，不但使案母不至於發生能量耗竭，進而陷入無力、絕望的危機狀態，並促使案母不會一直「放大」案主的缺點，而有助於減低案主的心理壓力和親子間的衝突，這是親子間關係改善的重要突破。

走入家族治療場景

從第十一次的晤談起，我正式邀請案母加入晤談。

由於先前對輔導關係的經營與晤談氣氛的營造著力甚深，案主母子均對我有信任感，故我很快地能藉由發問直接將議題帶入親子互動關係的探討。在後續十二次的家庭晤談裡，我的工作主軸在於：

1. 引導案主母子進行直接對話，學習「我訊息」的表達方式，促使彼此放下指責、對立的態度，去了解、體會對方真實的內在想法、感受和心理需求，以獲致親子間的正向情感交流。

　　例如，在第三次的家庭晤談中，案母表示，案主現在無論

在學校或補習班，其行為表現都較以往要穩定，且老師也再無打電話來家裡抱怨，雖然學業成績進步的幅度很小，但自己對案主已比較能夠放心。我引導母子兩人討論案主因何能產生改變，也讓案母覺察到案主需要其認同和支持，而非一味地指責、叨唸。此外，延續案母對案主的正面評價，我亦促使案母再多去發掘案主的優點，並給案主正向回饋，也要案主自行找出自身的長處和優點，藉此提升案主的自信與案母在親子互動中的正向回饋能力。

在第四次的晤談中，案主自行談及與同班同學在相處上的問題，似乎案主在班上很容易變成被欺侮、挑釁的對象，雖然案主也知道忍一忍事情就過了，但有時心裡還是很不舒服。待案主對同儕互動事件的敘說告一段落，我同理案主生氣、委屈及害怕的情緒，並引導案母回應此問題。案母一開始生氣地指責案主，認為案主乃是咎由自取，後經我同理、重新詮釋案母的情緒、心情，讓案主體會到案母其實很心疼、氣憤兒子被欺侮，案母才逐漸轉化為協助案主解決問題的理性態度，亦會給予案主情感上的支持。

2. 藉由協助案主母子進行理性的溝通討論，以解決彼此間因想法或價值觀之差異所產生的衝突，並促使雙方將共識落實為行動，讓親子兩人得以擁有實踐的經驗和成功的結果，來強化自身的能力感和價值感。

例如，在第八次的家庭晤談中，案主提到期中考後，自己想和同學相約坐捷運到高雄新堀江商圈去玩，但案母不太贊成。輔導員請案母表達其考量與擔心何在，在了解案母想法後，輔導員開始引導親子對話的進行，藉由溝通了解彼此的想法、感受以形成共識、解決問題。

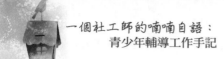

在一番的對話與討論後，案母終於同意讓案主完成與友伴
的高雄之行，然案主也必須完成自身的工作，包括：先與
同學規劃好行程（路線、時間）及花費並讓案母知悉、出
遊期間與案母保持聯繫等。輔導員肯定並鼓勵案主母子透
過理性討論順利完成問題解決。

而在下一次晤談時，輔導員關切案主提及的高雄出遊計畫
有否順利履行。談到這個主題，案主顯得相當興奮，主動
對輔導員說明了整個出遊過程；而案母也顯得相當開心，
並肯定案主答應的事的確都有做到，顯示案母對案主能力
的信任已有增加，願意釋放更多做決定的權力給案主。

3. 引導案主母子坦然地面對和敘述性侵案件過程，協助案主
重新審視犯案時的動機和想法，並反省自身行為是否正
當，進而促使母子兩人討論再犯預防的具體方法。過程
裡，除了強化案主認知性侵行為後果的嚴重性外，亦讓案
主設身處地去同理被害女童、案母的內在感受。在預防方
法的討論中，案主承諾會多打球或從事戶外活動，少看電
視和上網，避免有接觸色情媒介的機會；案母則表示，她
會多花時間陪伴孩子，並撤掉第四台，與案主一起選擇觀
看適合的電視節目或影片。

4. 雖然家庭晤談以處理親子互動關係為主軸，但對案主的行
為部分，我仍一慣地於晤談中強調「為自己行為負責、面
對現實及為自己做決定」的生存態度，以持續增強案主的
責任感和現實意識。

5. 考量案母對青春期孩子之身心發展的了解程度不足，直接
影響親子間的互動品質，而案主亦有性知識缺乏和性觀念
偏差的問題，故藉由親職教育及性教育教材的閱讀和講

授，以提升案母的親職管教功能和案主對性的正確認知。

輔導關係的結束

　　我與案主母子目前還維持每月一次的家庭晤談頻率，偶爾，案母因故無法前來，案主也會準時出席，並主動、自在地與我談話。在第十次的家庭晤談時，我曾和案主母子討論過結案與否的問題。在我的評估標準中，案主無論在學校適應、家庭生活或行為表現等方面均已出現穩定性，其參與晤談之主動性亦大幅提升，不似先前般退縮、被動；另外，案主母子已能覺察彼此間失功能的互動型態，亦形成自行透過溝通討論獲致問題解決的能力，故應已達結案狀態。然案母的想法是，身為單親媽媽因多重角色壓力，自己經常會出現力有未逮、情緒低潮的狀況，她雖自信已有處理親子問題的能力，但在晤談室中總能因獲得支持和鼓勵而有能量繼續走下去，因此，案母希望我能陪著他們再走一段時間。

　　我能理解案母的心情，但我也不願成為案母長久依賴的專業權威，因此，我們形成了總次數三十次晤談（包括個別與家庭型態）的結案共識。在後續的輔導工作裡，我把自身的角色定位為陪伴者、協調者和教育者，持續催化案主母子產生正向的溝通與情感互動方式，讓親子兩人得以從溫潤、滋養的關係中提升自我價值感和獲得人際互動的正向經驗。

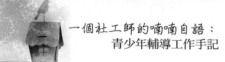

結語：性侵少年輔導經驗的統整

統整與案主母子兩年來的輔導經驗，讓我對少年性侵害之再犯預防處遇產生了一些思考。

首先，倘若少年性侵案件的發生與個人權力議題有關，此亦表示少年可能擁有人際適應和親子關係等問題，而 Satir 取向家族治療的介入，正可藉由親子互動關係的改善來提升少年的自我價值，進而讓少年運用於自身的人際關係，享有正向而真誠的人際互動。

只是近年來，就我在實務場域裡的見聞，在國內，家族治療運用於青少年處遇工作尚未形成一普遍的風氣，究其原因，我認為有三：一者，受到傳統「家醜不可外揚」和「面子主義」的文化心理慣習影響，國人較無法接受家族治療此種處遇型態，因為要在陌生人（治療師）面前公開家庭的祕密或衝突，畢竟是難堪的。再者，父母、家人缺乏系統觀，總認為有問題的是孩子，處理孩子即可，家庭毋須產生任何改變；且父母也常希望治療師或輔導人員成為自己控制子女的工具。三者，國內欠缺長期性、有計畫之培育家族治療專才的機制，在人才短缺的情況下，能夠提供的服務自然有限。目前臺灣地區雖有「華人心理治療研究發展基金會」、「華人伴侶與家族治療協會」、「國立彰化師範大學婚姻與家庭治療研究所」、「臺灣青少年與家庭輔導協會」等機構在大力推廣家族治療，並舉辦專業訓練課程或研討會，但由於時日尚短，成果如何仍有待觀察。

其次，從個案處遇的過程中發現，藉由增強個案的能力感和

自信心、促進親子間想法與情感的交流以改善彼此之互動關係，及透過性教育的實施以導正個案的性態度與性價值觀，對於提升妨害性自主少年個案之再犯預防效果是有幫助的。

　　第三，對性侵少年進行輔導時，輔導者本身不能忌諱去談性侵案件歷程或與少年談性，更要用開放、嚴肅的態度引導少年去面對之。在絕大部分的情況下，性侵少年的性態度或性價值觀都是有待釐清與導正的。

　　文末，我想重申一個眾所周知卻常被忽略的觀念，亦即，「及早發現，及早介入」。怎麼說呢？首先，國內外的研究均指出，成人性侵害犯在矯治與治療上的挑戰性相當高，且治療成效如何也備受質疑（王家駿譯，2001；陳若璋，2001）。再者，若從將性侵害視為是一種習慣的觀點來看（林淑梨等譯，2005），刺激、反應及隨之而來的增強效果間聯結的時間若愈長，要將此聯結消除的難度就愈高，換句話說，習慣的戒除也就愈不容易。因此，以我自身的實務經驗觀之，若國人能跳脫出「家醜不可外揚」的文化限制，讓少年的性侵行為能儘早浮出檯面，並使相關的輔導處遇措施得以介入，進而早日阻斷其性侵行為的再現，以避免犯罪習性至成人階段的根深蒂固，難道不是少年、家庭及整個社會之福嗎？故從再犯預防的成本效益面向考量，重視並加強少年性侵害的矯治、輔導工作，不正是收事半功倍之效的問題解決方法！

- 內政部（2000）。社會工作辭典（第四版）。內政部社區發展雜誌社印行。

- 王家駿（譯）（2001）。性侵害再犯之防治。臺北：五南。

- 江麗美、魯宓（譯）（2008）。薩提爾成長模式的應用。臺北：心靈工坊。

- 李亦園（1992）。人類學與現代社會。臺北：水牛。

- 吳就君（譯）（1994）。新家庭如何塑造人。臺北：張老師文化。

- 吳就君（譯）（2006）。聯合家族治療。臺北：張老師文化。

- 林明傑（1999）。性犯罪心理評估暨危險評估。社區發展季刊，**88**，316-340。

- 林沈明瑩、陳登義、楊蓓（譯）（1998）。薩提爾的家族治療模式。臺北：張老師文化。

- 林瑞穗（譯）（2002）。社會學。臺北：雙葉書廊。

- 林淑梨等（譯）（2005）。性侵害加害人評估與治療手冊。臺北：心理。

- 周煌智、文榮光（主編）（2006）。性侵害犯罪防治學——理論與臨床實務應用。臺北：五南。

- 周立修、蔡東杰等（譯）（2005）。支持性心理治療入門。臺北：心靈工坊。

- 陳若璋、劉志如（1999）。性侵害加害人身心治療、輔導教育制度與再犯率分析報告。臺北：內政部性侵害防治委員會。

- 陳若璋（2001）。性罪犯心理學——心理治療與評估。臺北：

張老師文化。

- 陳若璋、施志鴻、劉志如（2002）。五位臺灣亂倫父親犯罪歷程之分析。中華輔導學報，**11**，1-36。
- 陳若璋、施志鴻、林正修（2003）。性加害者犯罪動機、歷程與路徑分析。中華心理衛生學刊，**16**（2），47-86
- 彭竹嬌（2002）。兒童性侵害——亂倫事件的探討。玄奘學報，**5**，68-87。
- 黃富源（1997）。強姦犯罪與對策芻議。八十六年度犯罪問題研究研討會論文集，1-42。臺北：法務部犯罪研究中心。
- 黃軍義（2000）。強姦犯罪的心理歷程（一）：理論分析。本土心理學研究，**13**，3-52。
- 楊中芳（1993）。試論如何深化本土心理學研究：兼評現階段之研究成果。本土心理學研究，**1**，122-183。臺北：臺灣大學心理學系本土心理學研究室。
- 鄭瑞隆（2002）。性侵害犯罪之處遇與再犯預測問題。刑事政策與犯罪研究論文集，**5**，147-162。臺北：法務部犯罪研究中心。
- 蘇益志（2006）。觸法少年輔導實務——晤談室中的沉思、領悟與行動。臺北：心理。

第18話 由兄妹亂倫演繹出的一場家庭舞蹈：一個家庭內性侵案件成因的系統／動力取向思考及其處遇

一、前言

　　在我們的社會中，若家裡發生亂倫事件，通常會被視為家醜，且想盡辦法掩飾使其不外傳，以顧全家名聲與體面；但視而不見、粉飾太平的結果，往往是加害人的食髓知味與被害人的再度受害。誠如陳若璋（2001）所言，「性侵害加害人是可以治療的，如果說為受害者提供服務是治標，為加害人治療就是治本了。」值得慶幸的是，此少年個案的母親勇於面對現實，願意陪著個案進入司法程序，而獲得日後一連串資源系統（包括：司法單位、社政機關，以及精神醫療體系等）針對個案組成工作團隊提供案家支持與服務。在個案接受保護管束處分（說明：於「觀察」期間結束後，法官所為之裁定）之三年期間，雖然案主日常行為表現時有起伏，但至少可肯定的是，案家的家庭氣氛及成員間的互動關係已有所轉變，而被害人——案妹已能免於再受性侵害之苦。

 個案基本資料

1. **姓名**：李重新（化名）
2. **性別**：男
3. **學歷**：國中二年級（本案發生後案主轉學）

 個案來源

　　少年法庭法官於「觀察」期間（為期四個月）將個案交付心理輔導員（我）進行輔導。（說明：少年事件處理法第 44 條規定，少年法院為決定宜否為保護處分或應為何種保護處分，認有必要時，得以裁定將少年交付少年調查官為六月以內期間之「觀察」。前項觀察，少年法院得徵詢少年調查官之意見，將少年交付適當之機關、學校、團體或個人為之，並受少年調查官之指導。）

 個案問題行為概述

1. **案由**：妨害性自主罪。
2. **事件說明**：案主曾有數度在家中以手撫摸案妹下體之行為。某日下午約六時左右，案主在家中以管教案妹為名，強行將案妹帶至房間內，強脫其褲施予性交行為，過程中遭案母發現而制止。

個案背景資料

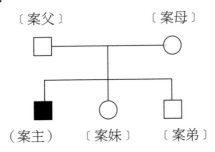

家庭生活方面

1. 家庭圖

〔案父〕　　　　　　〔案母〕

（案主）　〔案妹〕　〔案弟〕

2. **案父**：現年三十八歲，國小畢業；因長年酗酒身體狀況不佳，需長期療養而造成工作上的不穩定，亦導致案家經濟上的拮据。

3. **案母**：現年三十二歲，國中肄業；除負擔家務外，白天在一家飲食店從事洗碗工作以貼補家用。

4. **案妹〔即被害人〕**：現年九歲，就讀國小四年級。（說明：據案母表示，自案件發生迄今，案妹尚無任何異狀。我認為，案主的性侵害行為對案妹的身心狀態必定造成負面影響，影響程度如何有待評估，實有需要將案妹列為長期觀察個案。若案妹願意，則我於觀察期間也將與案妹進行會談。）

5. **案弟**：現年七歲，就讀國小二年級。

人際互動方面

1. 案主自陳在朋友眼中是個講義氣且很好相處的人，因此，

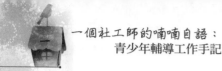

覺得自己的人際關係不錯。

2. 我認為，由於案主情緒控制能力不佳，且性格中又有內向、以自我為中心的傾向，故此特質必定對其人際關係造成負面影響，甚至造成案主與同儕間的衝突。

3. 在會談過程中，案主嘗向我坦承，因為自己較情緒化，所以容易動不動就對弟妹發脾氣，甚至動粗；而手足間的互動型態，正可視為案主人際互動型態的最佳投射。故我評估，若能逐步引導案主覺察自己性格上的缺失與其可能產生的負面影響，進而促使其改善這些缺失，並強化其自我控制力，應可逐漸消弭案主人際互動上的問題。

4. 據案母表示，因案小舅很關心案家的孩子，故案主與案小舅的關係不錯，而案小舅所說的話，案主也十分聽從。我認為，案小舅亦是可提供協助的支持系統，其可對案主發揮正向楷模的示範作用。

學校生活與學業表現方面

1. 案母數度表示，案主性格好動、頑皮，且在校容易因細故與同學發生口角、衝突，常需案母出面幫其解決學校人際上之糾紛。

2. 案主與同學相處並無很大的困難，只是案主有出事時喜歡找高年級學生「罩」的心態，此種傾向顯示出案主缺乏自信、遇事無法獨立處理的依賴性格。我評估，若不養成案主自立、負責的處事態度，其日後勢必衍生出自我認同上的危機。

3. 案主在校的學業成績低落，此與其對唸書的錯誤認知有極

大相關。在案主的觀念中，唸書只是為了應付各種考試，故形成其「平時不讀書，臨時抱佛腳」的讀書方式與心態。此種心態加上案主不懂得如何分配時間，致使其有永遠都唸不完的書，而學業成績總是在班上的中、下程度徘徊，尤其平時便需花時間準備的科目，如：英文、數學等，成績更是慘不忍睹。

【省思】

學業表現上的低成就與案主的低自尊傾向是息息相關的，且兩者間也有惡性循環的關係；亦即，學業成績低落造成案主欠缺自信且無心向學，而無心於學業又導致學業成績每況愈下，致使案主對自己完全失去信心，終至自暴自棄。故我將逐步提升案主學業成績，進而恢復其自信，列為主要輔導目標之一，所採行的輔導策略包括：行為改變技術中行為契約的運用，以律定案主每日的閱讀時間；請案主設計適合自己且具體可行的夜間讀書計畫表並予以落實等。

心理測驗之結果解釋（節錄自心理測驗員之施測報告）

1.「柯氏性格量表」施測結果之解釋

(1) 受測者可能有心理困擾，而以身體症狀象徵性地表達困擾。

(2) 受測者情緒較不穩定。可能是人際關係較差、對現況較不滿，或者是生活態度較不積極等原因所造成。

(3) 受測者神經質傾向強。

2.「賴氏人格測驗」施測結果之解釋：受測者的人格類型屬於 F 型，F 型的人格特質為較內向、被動，是個客觀協調

的人；但煩惱較多，較不願表露；稍有敵對、反抗心理，因此會與人爭論，有時較會一意孤行。

3. 「**父母管教態度測驗**」施測結果之解釋：受測者父母之管教態度無特別顯著之趨向，但必須考慮親子關係是否為疏離型，即親子間缺乏互動、少有交集。

4. 「**區分性向測驗**」（DAT-V）施測結果之解釋：

(1) 個案語文推理及數字推理、抽象推理、機械推理的表現低於中等水準。

(2) 知覺速度、空間關係、中文字詞及中文語法等方面表現屬中等（其中以中文語法的得分最高）。

(3) 依個案目前表現，較適合探索語文或文書處理方面之興趣。由其學業性向的表現來看，可能較適合就讀軍校、職業或技術學校。

六　家庭成員互動關係分析

案家次系統

案家為典型的核心家庭（nuclear family），包括：夫妻、親子，以及手足等三個次系統，而以「家庭生活週期」（family life cycle）之階段性來看，案家目前正處於以夫妻次系統為發展核心過渡到以親子次系統為發展核心的階段，故父母的管教態度與方式，以及親子間的互動關係和諧與否，乃是案家當前發展的主要課題之一。

夫妻關係品質

　　以系統觀點而言，夫妻次系統始終是整個家庭系統中最重要、最具影響力的一環，其它次系統的發展皆受到夫妻次系統能否正常發展的影響，而夫妻次系統也是家庭中最有權力（power）的單位，故家庭氣氛是否和諧，家庭成員間的互動型態、關係品質如何，皆受到夫妻間親密關係良窳的牽引。

　　就觀察期間，我多次與案家成員進行會談得知，案父、案母夫妻間的關係並不和諧，甚至有著嚴重衝突。接案時，由於案主性侵害的對象是案妹，我推論，雖然案家家庭結構的形式完整，但家庭成員間的互動關係與角色功能的運作模式，必定出了很大的問題，便將收集資料與分析個案問題行為成因的著眼點置於家庭成員間的系統動力。

　　就案家夫妻次系統來看，首先，存在於此系統中最大的問題是——兩人管教子女的態度與方式非常不一致，亦即夫妻雙方傳達給子女的訊息常是相互矛盾的，也就是所謂的「矛盾溝通」；而夫妻間傳達給子女的訊息不一致，更直接影響到親子次系統的正常發展。

　　其次，夫妻兩人無法協調彼此間的歧異以試圖在管教子女的方式上取得一致性，顯示夫妻間的溝通管道出了問題，進而可推論，夫妻間的親密關係已產生危機。在輔導過程中，案母曾多次抱怨對案父的不滿，並向我表示，要不是為了孩子，早就選擇與案父離婚，這充分顯示出案父與案母婚姻上的危機與情感上的淡漠；而夫妻間關係的惡化，首當其衝的受害者就是案家三個小孩，且受波及最深的是身為長男的案主。

案父母及案主的三角關係

就家庭系統理論而言，功能運作良好的家庭，其夫妻次系統應是一個強而有力的「同盟」（alignments）型態，意即，夫妻間的氣氛是和諧的，且彼此在家庭生活規則上所傳達的訊息是一致的，因而能帶給家庭成員（特別是子女）安全感、隸屬感與規範性。但就案家親子次系統的互動情況來看，由於案父與案母本身的夫妻次系統出了問題，故產生案母在情感上「轉向結盟」（detouring coalition）的結果；意即，基於案母對婚姻生活的日漸失望，其逐漸將生活重心，包括情感、期望等，轉移到子女身上，而案主身為長子，自然而然也背負了案母最多的情感與期待，形成「客體關係理論」（object relations theory）所謂的「母子共生」（symbiosis）（或「母子共同依賴」）型態。

就我認為，案母子共同依賴型態的原因有二：首先，由於案父因長期酗酒患有肝病需長期休養，再加上其本身的性格與價值觀使然，故對子女的管教態度較為消極、縱容，導致案父角色功能的逐漸弱化。再者，為了使家庭功能正常運作，案母不但要料理家務、負起教養子女之責，還到朋友的飲食店擔任洗碗工以維持家計。相對於案父在家中逐漸地失功能，案母卻幾乎一肩獨攬了原本由夫妻次系統所應共同負起的責任。隨著案母角色功能的大幅提昇，加上案母堅韌好強的性格，故形塑案母在家庭系統中的「英雄」（hero）姿態，伴隨英雄姿態而來的，就是對家人充滿指責和命令的互動模式。

◯ 母子關係的糾結

　　從家庭動力的觀點分析，案母無疑是案家中最具權威性的人物，而案母的「全能」也象徵著案父的「失能」。此種夫妻型態中隱含著案母對案父的失望與埋怨，以及對婚姻的不安全感與不確定感。為了填補自己的內在需求，案母便將生活重心放在子女身上，而案母的情感、認知、情緒模式、生命價值、生活態度，以及「未竟事務」（unfinished business）（說明：完形 [Gestalt] 治療的主要概念，乃指當事人生命中未完成的自我期許或幼年未被滿足的內在需求）等，皆會隨著孩子的成長過程，漸次轉嫁到孩子身上；在這樣的過程中，孩子均會感受到有形或無形的成長壓力與束縛，而對孩子的「自我認同」發展產生負面影響。

　　特別是案主，由於其長子的出生序，故承受了案母最多的情感與期待，也承擔了最大的心理壓力，以致形成典型的母子共生情結，產生母子之間心理狀態上「界限」不明的狀態，意即，由於案母過度涉入案主的生活，導致案主自我功能的發展受限，不易成為一獨立自主的個體，且需事事依靠案母。誠如案母曾對我表示，若案主說自己（案母）不是其生命中最重要的人，那自己將不知如何是好，此正是案母子間共生型態的最佳例證。如前所述，案母的性格加上其以英雄姿態展現於案家中的角色功能，易使指責、命令的訊息充斥在自己與家庭成員的互動模式中，而案主雖獲得案母最多的關心與注意，相對的，卻也受到案母最多的指責與限制。我判斷，來自案母的心理與精神壓力，使案主將之轉化為腦神經衰弱的身體症狀（說明：此乃醫師的診斷），而此象徵性症狀與「柯氏性格量表」的施測結果有所吻合。

案家系統動力分析

以家庭系統理論中的「結盟」（coalitions）概念對案家加以審視，明顯地就能看出親子次系統對手足次系統的絕對支配性。首先，案母與身為長子的案主之間存在著情感共生關係，此是因為案父與案母間情感日漸疏離，以及案母與案主心理上的界限混淆所致，而使案主取代原本案父在案母心中的夫之心理地位，且隨著案主年齡逐漸增長，便十分容易產生「子代父職」的家庭型態，意即，案主成了家中的「小爸爸」，不但取代案父成為案母情感上的寄託，更在案母的允許與案父的「默許」下，替代案父執行管教案弟、案妹之責，故在案家會出現案主動粗責打弟妹的畫面。

然而，沒有一個家庭成員是甘心長期處於失功能的狀態下的。基於內在情感需求的必須滿足，案母與案主的共同依賴型態，迫使案父必須轉向與案妹產生情感上的聯結，而使案家的情感系統產生一種「均衡」（homeostasis）狀態。案父、案妹的結盟關係，可由會談時案母、案主皆表示案父最疼案妹之語加以佐證。但事實上，案家的情感系統並未如理想中的平衡，這與案母對三個子女的占有慾和控制感有關。

由於對婚姻的失望與對案父的怨怒，使案母產生要牢牢地抓住三個孩子的心態，亦即，案母有意地將案父排除在親子次系統之外，此可從案母不願讓案父接送案主來法院報到的舉動看出。不過，案母的控制慾勢必對案家手足關係產生負面影響，理由是，案母與案主的共生關係已然存在，即使案母再怎麼口口聲聲說自己對三個孩子都是一視同仁的，也難以化解手足間為爭取母愛所產生的競爭關係。而此種競爭也會隨著孩子的年紀愈來愈

大，愈浮上檯面；案主不喜歡案妹，對案妹常有負向情緒出現，就是最明顯的例證。我的解釋是，案主母子在情感上的共生關係使案主意欲獨占案母的愛，但案母對案妹、案弟的關愛，卻讓案主感受到威脅與心理壓力，故常導致手足間的緊張關係。

被孤立的案父

案母意欲將案父排除在親子次系統之外的情緒與心態，雖無明顯表示出來，但所導引出的家庭氣氛，卻容易造成案父與案家成員間的日漸疏遠。在接案之初，依案家的家庭動力分析，我便推論案父母間可能有「外遇」問題存在；其後在觀察後期的某次會談中，雖無詳述，案母卻點出案父曾有外遇的事實。案父外遇事實的存在，必然使夫妻次系統間的互動更為雪上加霜，「婚姻扭曲」（marital schism）的困境更形嚴重。除外遇問題外，由於案主扮演著案母情感上的寄託者與傾訴心事的對象等角色，也導致案主對案父的更不諒解與怨懟，但因案父年長且仍具有父權地位，使案主尚不至於直接對案父發作（**說明：據案母表示，之前在案父與案母發生衝突時，案主曾有對案父動粗的傾向**），不過，對案父的負向情緒，卻會部分轉移到與案父關係頗佳的案妹上，而引發案主對案妹更為敵視。

危機即轉機

值得一提的是，本事件的發生對案家而言，不啻為一轉機。案主雖擔負「代罪羔羊」（scapegoat）的角色，卻藉由本案直接曝露出案家家庭系統種種問題，顯示案家整體確有改變的需要。

七 非行成因分析

個人心理層面因素

首先，依據心理測驗報告及觀察所得，案主性格上有一些特質，如：消極內向、抑鬱性高、缺乏自信（低自尊傾向）、情緒起伏大，以及自我控制能力不佳等，這些較為負向的人格特質，是導致案主發生性侵害行為的遠因之一。

其次，案主已步入青春期，由於第二性徵的來臨，生理上的性驅力逐漸增強，故對性的好奇與日俱增，加上色情媒介的刺激與誘惑，讓原本自我控制力便不佳的案主，難以克制情慾上的衝動。

第三，就犯罪心理學的角度而言，強暴犯在進行性侵害行為時，除了在滿足性慾外，也在滿足其對「權力」的渴求。意即，強暴犯是極端缺乏自我價值感的，其必須藉著以暴力或其它手段征服異性的過程，來證明自己是有力量的。透過此觀點，便可了解為何案主身上一些較負向的人格特質是導致案主產生性侵害行為的原因之一。

家庭動力層面因素

即使案主具備了一些強暴犯的人格特質，但如何解釋案主性侵害的對象是案妹而非其他異性（如：同學或鄰居等）？此處我借用「精神分析理論」與「家庭系統理論」的觀點切入推論。

從「客體關係理論」的角度觀之，可解釋為，由於案主未能脫離對案母的依戀，亦即案主尚未能切斷其與案母情感上的「共

生」狀態（說明：所謂「共生」源自於嬰幼兒不能脫離母體而生存，而對母體產生一種全面且獨占的依賴），但礙於現實環境與社會規範的不允許，故將企盼占有案母的慾望與衝動轉移到與案母神似的案妹身上，以案妹作為發抒性慾的對象（說明：透過我的探問，案主曾表示，覺得案母和案妹十分神似）。

以「古典精神分析」的角度，可作如是觀：由於案父未能提供明確的角色楷模，使案主對案父的性別角色產生認同，故案主未能順利解決 S. Freud 所謂的「伊底帕斯情結」（Odipus complex），在社會禁忌力量與「超我」（superego）的遏阻下，其對案母的性慾始終潛抑在「潛意識」（unconscious）中，伴隨著青春期的到來，此種慾力雖復甦但無法直指案母，卻轉向到案母的化身——案妹身上。

再以「家庭系統理論」的角度審視，由於案母與案主為情感上的共生系統，且案母對案主控制和權威的管教態度，形塑了案主壓抑、缺乏自信的性格（說明：性格上的特質是我認為案主性侵害對象不會選擇外人的主因）。但基於案母角色楷模的行為示範、案主「子代父職」的角色功能，導致案主對手足間的威權性格。再加上手足間對母愛的競爭，以及案主對案父的不諒解和怨懟部分轉移到與案父關係較佳的案妹身上，因而產生其對案妹的敵意與控制慾，在行為上則表現出對案妹惡言相向，甚至動粗的情況。若配合進入青春期後性生理的驅動力量、外在色情媒介的刺激，以及情境因素的適切性，則倍增了案主對案妹進行性侵的可能。

學校及社區層面因素

在此層面的因素探討中，同儕團體與當前之青少年次文化對案主的非行成因有著絕對性的影響力。由於色情媒介的充斥已到了無孔不入的地步，使對性充滿好奇與心智尚未成熟的青少年隨手可得誇張不實的色情資訊，且讓時下青少年對兩性關係的認知與態度完全扭曲。扭曲的色情次文化再加上學校或社區內同儕團體間的相互刺激和影響，案主難以按捺其性衝動，也就有跡可循。

社會文化層面因素

從社會學家 Bandura 的「社會學習理論」（social learning theory）之「觀察學習」（observational learning）及「模仿」等概念來檢視，很明顯地可以歸結出色情氾濫與青少年性行為盛行之間的相關。氾濫的色情媒介不斷地扭曲時下青少年對異性及性行為的認知，同時，也是引發案主對性好奇和性衝動的重要原因之一。透過我的探問，案主也坦承案發前曾閱讀色情刊物，色情刊物的來源是同儕團體；而色情刊物正是讓案主產生性幻想與性衝動的主因之一。據案主表示，平時看電視若看到一些較煽情的畫面，也會有性衝動。

綜合評估

我認為，案主性侵行為的問題成因並非用簡單的「線性因果模式」得以說明，乃是多元因素相互交錯影響的產物。首先，案家家庭結構功能不良與案父母管教子女的態度、方法失當，是造

成案主非行的遠因。由於案主的性格是在成長過程中，透過案父、案母的教養態度與方式逐漸形塑而成，對案主性格發展影響尤其深遠的是案母。如前所述，母子間的「情感共生」狀態，加上案母權威與控制的管教方式，及其對案主過高的期許和過深的情感寄託，導致案主形成內向、缺乏自信、過度依賴案母的人格特質，亦成了案主步入青春期後，發展「自我認同」的障礙。在多是指責、缺乏鼓勵、充滿挫折的發展過程中，案主自是難以順利培養出正面的自我形象，進而形成其低自尊、低成就傾向、自我控制力差和情緒起伏不定的行為表現。

再者，案父於案家中角色功能的弱化，致使身為長男的案主，在案母的情感認可下，產生角色功能混淆的「子代父職」型態，意即，案主在案父母的親密關係日漸淡漠、疏遠之際，取代了案父在案母情感生活中的心理地位，以填補案母內在的情感需求；此外，混淆的角色功能更強化了案主在手足次系統中的權力，使案主產生案妹弟應對自己唯命是從的心態，再伴隨著手足間對母愛的競爭態勢，以及案主將對案父的怨懟轉移到案妹身上，更令案主對案妹產生敵視和權威式的不當管教態度。

最後，由於案主邁入青春期，生理變化的趨動力量導致其對性的好奇與探索，加上色情媒介充斥時下青少年次文化的外在誘因，在有利於問題行為發生的情境因素（**說明：案發時，案父母皆不在家中**）搭配下，因而促成性侵害行為的發生。若非案母下定決心讓此事件進入司法程序以尋求外力協助，我相信，一味地用「家醜不可外揚」的心態來看待問題，則類似情況重複發生的可能性極高。

八 輔導方向與實施

輔導方向

1. 在整個會談過程中，我以「人本」取向之輔導態度為主軸，與案主建立輔導關係，除向案主顯示我對其無條件的尊重與接納外，更希望鼓勵案主在會談過程中，逐步化被動為主動，主導會談方向，引發其探索自我的動力，進而覺察與開發自己的優點與潛能。

2. 採用「行為改變技術」中的契約（contracts）訂定模式，透過規範案主日常生活中的行為，並要求案主對自我行為負責，以提昇案主對行為的控制能力，增強其自我強度，恢復其對本身能力的信心。

3. 實施「理性情緒行為治療法」（REBT）。透過理情治療「ABC理論」的教導與說明，引導案主探索導致其情緒控制不佳的不合理信念為何，並引發何種負向行為結果，進而修正案主扭曲的認知與價值觀，使案主得付諸建設性的行動於日常生活中。

4. 經由評估，我發現案家親子之間互動模式不佳（如：案父母在管教子女時所傳達的管教訊息彼此間不一致；案父母在與子女溝通時，所傳達的訊息是隱諱不明的等），且案父在案家中，其角色失功能的現象非常明顯。因此，我認為有必要適時介入案家，由我與少年保護官搭配共同實施「家庭輔導」。而希望透過家庭輔導的實施，強化案家之親職功能，調整案父母教育子女的態度與方法；並分析案父母管教子女的矛盾之處，引導夫妻雙方在管教子女的態

度上取得共識，及如何適當表達出對子女的關心。

5. 輔以「讀書治療法」。藉由閱讀、書寫我所指定的輔導教材，以灌輸案主正確的性觀念與積極正向的價值觀及人生態度。

介入過程

1. 第一次個別晤談

(1) 晤談時間：下午三時四十分～五時三十分

(2) 晤談內容：

　　a. 施測「柯氏性格量表」。（施測時間約一小時）

　　b. 我結構輔導情境，說明雙方在輔導關係中的角色與責任，並以尊重、無條件接納的態度與案主進行會談，嘗試建立雙方初步的信任關係。

　　c. 透過會談收集案主身心狀態、家庭、學校及社交等各方面資料。

　　d. 偕同案母，與案主訂定「生活契約」。雖然此份生活契約是依據法官裁定書的內容而訂定，但在契約訂定的討論過程中，我賦予案主部分條文內容的選擇權與決定權，除表示對案主的尊重外，亦試圖培養案主的自我控制感。

2. 第二次個別晤談

(1) 晤談時間：下午四時二十分～五時三十分

(2) 晤談內容：

　　a. 施測「賴氏人格測驗」。（施測時間約二十分鐘）

b. 繼續資料收集工作，並引導案主進行自我探索。

c. 對案主未來生涯規劃進行初步探討。（說明：案主希望在國中畢業後投考軍校，並在將來成為一名軍／士官。故案主欲投考軍校的志向，可列為長期的輔導目標之一）。

3. 第三次個別晤談

(1) 晤談時間：下午四時二十分～五時三十分

(2) 晤談內容：

a. 施測「父母管教態度測驗」。（施測時間約三十分鐘）

b. 與案主及案母共同檢討生活契約的執行狀況，並依據案主實際需求重新修訂契約內容。

c. 案主針對生活契約中每日之唸書時數與我進行「討價還價」。亦即，案主希望在暑假期間，能將契約中原本協定之每日唸書兩小時，減少為一小時。在雙方共同協商後，我同意案主請求，但要求案主在開學後，必須每日唸書兩個半小時，以彌補暑假期間所減少之唸書時數，而案主也同意輔導員的要求。

【省思】

此項「討價還價」行為有兩個象徵意義：其一，顯示案主十分重視與我訂定之生活契約，亦表示案主與我之間已建立相當程度的輔導關係。其二，我認為，案主已開始增強其自我控制力，並開始在會談過程中化被動為主動，表達其內在需求與想法，這是可喜的現象。

d. 在案主的觀念中，唸書只是為了應付大大小小的考試，因此，形成了案主「平時不讀書，臨時抱佛腳」的讀書方式與心態，此種傾向使案主在校的學業成績低落，尤其是平時便需用功的科目，如：英文、數學等，成績更是慘不忍睹。故我分析案主成績低落的因果模式讓案主明白，以修正案主「臨時抱佛腳」的讀書模式，並利用案主欲考上軍校的目標強化案主的唸書動機，請案主自訂期望達到的月考成績，以逐漸提昇案主的學業成績及唸書意願。

4. 第一次家庭會談

(1) **會談時間：**下午四時～五時三十分

(2) **參與對象：**少年調查官、我、案父以及案母等四人

(3) **晤談內容：**

　　a. 由我引導案父母對案主發生性侵行為的原因進行探討，漸將會談主題帶入父母的管教方式對子女的影響。

　　b. 透過家庭結構分析得知，由於案父身體狀況不佳且性格上對孩子較為縱容，而案母性格上頗為強勢且長年負責家務之操持與子女之管教，故子女幾乎多與案母親近，造成案父在親子次系統上的角色功能不明顯，甚至出現案父在家中「失功能」的狀況。我在本次家庭會談中意欲加強案父在親子次系統中的角色功能，讓案父逐步分擔案母在子女管教上的責任，以突顯案父在子女心目中的地位。

　　c. 透過同理與解釋等技巧，除肯定案父母對子女的用心

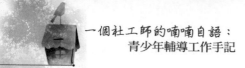

和辛苦外，我亦讓案父母了解若不趁此事件之機會修正家庭成員互動模式與家庭結構性問題，案主再犯的機率仍舊很高（說明：以相同或其他偏差行為類型呈現家庭問題），甚至對案妹、案弟都有極負面影響。以此解析問題嚴重性的會談方式，強化案父母面對問題的決心。

d. 為增強案父在親子次系統中的角色功能，我給予案父母三點具體建議：

  (a) 在管教子女的態度與原則上，案父母必須事先取得共識與一致性。

  (b) 當孩子有問題找案母商量時，案母儘量多請案父加入問題解決過程。

  (c) 運用「家庭會議」方式，藉由溝通以凝聚家庭成員之情感，並透過議題討論的過程給予子女規範及約束。

e. 最後，由少年調查官分享子女管教經驗作為總結，並請案父母將此次會談的共識化為實際行動，往後多與保護官和我配合，且獲得案父母之允諾。

5. 第四次個別晤談

(1) 晤談時間：下午四時三十分～五時三十分

(2) 晤談內容：

a. 晤談甫進行，案主便向我坦承，這一段時間自己並無完全遵行生活契約。我認為，這是案主試探心理輔導員界限的一種手段，故直接採用面質技術，詢問案主遵循契約內容是否有所困難且困難何在，並明白對案

主表示，無論有任何理由，對於案主違反生活契約之規定，自己無法接受，因為此乃逃避現實、不負責任的表現。

b. 在面質與確定毋需更改生活契約規定後，我欲強化案主情緒控制的能力，於是實施「理情行為治療 ABC 理論」教導，對案主說明非理性想法將導致負面且令自己後悔的行為後果，使案主了解認知引發行為結果的因果模式，以期案主在遇到問題情境時，能用合理、正向的態度或思考方式應對。

c. 由於覺察到案主缺乏自信與過度依賴的性格，藉由本次案主違反生活契約規定的契機，於會談過程中，我不斷要求案主使用「第一人稱」回答問題，並透過漸次增強音量，鼓勵案主持續作自我肯定，以增強案主的自信心。在實施自我肯定訓練的步驟中，案主情緒逐漸激動，甚至流出眼淚；我認為，眼淚是一種解放自我、自我淨化的象徵，亦代表長期壓抑之負向情緒的宣洩，可視為案主自我意象改變的一種進步。

6. 第二次家庭會談

(1) **會談時間**：下午四時二十分～六時

(2) **會談地點**：案家

(3) **參與對象**：少年調查官、我及案家成員等共七人

(4) **會談內容**：

a. 本次家庭會談的主要目的，在於了解案家親子次系統與手足次系統之間的實際互動狀況，並探視案家之居住環境。

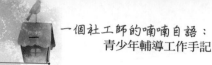
b. 本次會談分為前、後兩個階段

(a) 在前階段中（約四十分鐘），分為兩個會談地點：
其一在案家庭院，由少年調查官與案父母進行會
談，會談方向主要置於夫妻次系統的互動模式與情
感生活上。調查官藉由本次案件引導案父母探索兩
夫妻間的問題；並向案父母強調，夫妻次系統是家
庭中最重要的中樞，而夫妻間情感不和睦是一切家
庭問題的根源，要徹底解決問題就必須要從根做起
——強化夫妻次系統的功能。

(b) 其二在案主臥房，由我與案主、案妹，以及案弟等
三人進行會談，會談方向放在手足次系統之互動模
式的觀察上。自學業到生活細節上的探詢，我認
為，案家兄妹在手足互動上，有合作亦有競爭、指
責，與一般家庭無異。我特地留意案主與案妹的相
處模式，尚未覺察出此性侵害事件對其互動有何負
面影響產生。在會談中，我依據生活契約，律定案
主管教弟妹時不可動粗，僅可使用規勸方式，弟妹
不聽則告知父母，只有父母得以執行對弟妹的處
罰。此外，鼓勵案主經由行為上的修正，如：學業
成績的提升、踴躍參加校內外各類運動競賽，及減
少看電視的時間而增加閱讀時間等，成為案妹、案
弟的正向楷模，而案妹、案弟對案主也必須予以應
有的尊重。（說明：我決定另擇期與案妹進行個別
會談）

(c) 在後階段中（約五十分鐘），少年調查官、我同案
家成員在庭院中進行會談，會談方向主要在強化案

　　父在案家中的角色功能，並引導案父負起管教子女的責任，以健全案家家庭功能的運轉。

(d) 會談過程中，案母表示，從第四次個別晤談後，案主的行為有非常明顯的改變，例如：自動減少看電視的時間，且唸書的時間也超過生活契約中所律定的時數；對案弟、案妹也較少惡言相向等。少年調查官肯定案主想法及行為上的改變，並分享自己年少時的求學經驗勉勵案主，並保證只要案主願意努力改變自己，輔導人員必定予以協助。

7. 第五次個別晤談

(1) 晤談時間：下午四時～六時

(2) 晤談內容：

a. 施測「區分性向測驗」（DAT-V）。（施測時間約一小時）

b. 案主施測期間，我與案母進行會談。會談內容包括：案母的成長背景及其原生家庭狀況、對子女的期望與管教態度、與案父間的婚姻狀況，以及案家成員間的互動模式等等。

c. 施測結束後，我詢問案主生活契約之執行狀況，案主大致皆能遵守，且據案母表示，不需案母催促，案主現已能自動自發唸書，看電視的時間也逐漸減少。我肯定案主行為上的進步，並鼓勵其再接再厲，若學業成績能因此提升，將請少年調查官予以獎勵。

d. 請案母在徵求案妹同意後，於下次帶案主來院報到時，亦帶案妹一同前來與我進行會談。

8. 第六次個別晤談

(1) 晤談時間：下午四時～五時三十分

(2) 晤談內容：

    a. 繼續施測未完成之性向測驗。（施測時間約三十分鐘）

    b. 下午四時～四時四十分，我與案妹進行會談。會談重點置於與案妹建立關係，以進行相關資料之收集；會談內容包括：案妹之家庭與學校生活的狀況、案妹對案家成員的看法及感覺，進而逐漸切入案發後，案妹對案主的觀感，以及評估事件對其所產生的影響等。

    c. 前次至案家進行家庭會談時，我發現案主臥房有一未完成的牙籤屋（以牙籤為材料所製作的房屋模型），由於麻煩費時，故案主打算放棄完成它。我認為，這是讓案主證明自己能力，使其得以自我肯定的大好機會，因此鼓勵案主完成這個「半途而廢」的牙籤屋。在案母的協助下，案主於本次報到前完成這件手工藝品，並將之贈予我。在肯定之餘，我進而鼓勵案主多參加各方面競賽，用「志在參加，不在得獎」的心態，去發掘自我的潛能，增強自我的信心。

9. 第七次個別晤談

(1) 晤談時間：下午四時～五時五十分

(2) 晤談內容：

    a. 本次晤談分為前、後兩個階段，前階段五十分鐘，我與案妹進行第二次會談。會談重點仍置於性侵害事件對案妹產生的影響、事件後案妹對案主的感覺，以及

兩性相處間基本態度的教導。

【省思】

　　由於案妹年紀尚幼，對自己的感覺與想法還無法作完整且具體的表達，對兩性的觀念亦處於懵懂的階段，因此，尚難以看出事件對其產生的影響為何。此外，對於案主，案妹並無憎恨或討厭的負向情緒或感覺，只是案發當時，對於案主為何對自己有此舉動感到恐懼與不解。

　　我認為，雖然目前察覺不出事件對案妹有任何負面影響，但這可能源於案妹對性的意識仍處於「潛伏期」。可以確定的是，事件的發生搭配著四處充斥的色情媒介，對案妹無疑是一種過早的性啟蒙，不僅提早讓案妹對異性產生好奇，亦有可能影響其對兩性關係的正確認知，故案妹實有必要列為長期觀察的個案。

b. 在與案妹會談的同時，我請案主閱讀指定之性教育教材並進行心得寫作。後階段一小時，我先就心得寫作內容與案主討論，以協助案主更了解自己的性態度與性價值觀，其後將會談重點放在如何提升案主學業成績的主題上。由於不懂得於平時善用空閒時間唸書，是案主學業成績始終無法進步的主因，因此，我指派家庭作業，請案主配合學校課程的實際狀況，設計適合自己的「夜間讀書時間表」，並於完成後開始試行，且於下次報到時針對該表試行情況與我進行討論。

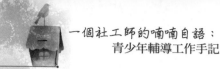
10. 第八次個別晤談

(1) 晤談時間： 下午四時～五時三十分

(2) 晤談內容：

a. 會談剛開始，我便覺察到案母與案主間的氣氛有異，故直接明示自己已覺察到案母子間負向情緒的存在，並請案主說明問題原委，案主表示自己因受不了同學引誘，而與同學躲在學校廁所抽菸。雖未被老師發現，但透過同學口傳，案母知悉了案主的抽菸行為，並對案主的行為十分憤怒。

b. 隨後案母表示，抽菸問題只是導火線，更令其氣憤的是，案母認為隨著四個月的觀察期即將結束，案主不知從何處獲得訊息，似乎以為自己不會因性侵事件獲得嚴重懲處，開始心存僥倖，放鬆對自己的要求，讓案母對案主非常失望，而導致了親子關係間的緊張。

c. 在對問題情境有所了解後，我開始對問題進行解讀與處理。首先，針對案主部分，我採用的策略是破除案主僥倖心態，對案主強調，即使觀察期結束，無論法官裁決的處遇結果為何，日後案主的行為勢必於少年保護官的監督下，受到法律的規範。此外，我在同案主討論後，於生活契約內增訂案主於未成年前不可吸菸的條款，並實施角色扮演，讓案主演練如何對同學說「不」，以增強案主拒絕抽菸的決心與自信。

d. 其次，我了解到案母對案主的情緒，主要來自於案母對案主過高的期望，並希望看到案主能做全面性的改變，以及隨著觀察結束將屆，案母對案主將受何種裁決的不確定感所致。故我使用接納、同理等技巧，讓

案母壓抑的情緒得以宣洩，肯定案母對案主的用心，並引導案主同理案母的情緒，降低案母子間的緊張氣氛。最後，我向案母保證，基於少年事件處理法保護重於懲罰的基本精神，在法官與少年調查官進行研討後，定會給予案主最適當的處遇，使其仍得以正常發展。

e. 驗收家庭作業之成果，與案主討論「夜間讀書計畫表」的試行情況。據案主表示，在此表的設計與執行上並未遇到困難且成效不錯，最讓自己感到頭痛的英文考試，平時小考竟有八十幾分的優秀表現，連學校老師也頗刮目相看。我給予案主高度肯定，強調其並非不能，只是未用對方法而已，並請案主繼續保持，在月考中創造佳績。

f. 經由案母告知，案家於日前接獲性侵害防治中心公函，並已開始帶案主前往指定醫院接受每月一次的「輔導教育」與每週一次的「身心治療」。我決定偕同少年調查官擇期前往該醫院拜訪主治醫師或臨床心理師，了解精神醫療體系之處遇方向與計畫。

九　輔導成效評估與檢討

輔導成效評估

在四個月的觀察期間，我針對本案所設定的輔導對象有二，其一是針對案主本身，其二是針對案家整體系統，特別是案父與

案母的夫妻次系統。首先，就案主部分來看，我的輔導策略是以人本治療取向的無條件接納、同理心，以及正向肯定為基本態度，塑造溫暖、信任的會談氣氛，進而建立雙方之輔導關係。繼之輔以行為改變技術的契約訂定模式，以及目標訂定、作決定、家庭作業及自我肯定訓練等技巧，增強案主的自信心與培養其對自我的認同感。另外，亦兼採理性情緒行為療法之認知改變模式與閱讀治療法等策略，逐步修正案主不合理之價值觀與人生態度。

　　為期四個月的輔導過程，透過少年調查官和我的觀察，以及由案父母所提供的訊息評估，皆認為案主在行為上有明顯的改善，例如：

1. 每隔兩週與我約定之會談皆能準時配合，未曾缺席。

2. 對於我所指定之輔導教材的書寫進度與指派的家庭作業，如：牙籤屋的製作、夜間讀書時間表的設計等，均能如期完成。

3. 案主現在不需案母的催促已能自動自發的唸書，且看電視的時數較之從前也大幅減少。據案主表示，成績最差的英文一科，日前平時考曾有八十幾分的優秀表現，連學校老師也感到驚訝。

4. 案主日常對案弟、案妹的態度有明顯的改善，不但極少惡言相向（說明：此變化乃與案妹會談所得知），並會指導案弟功課。

5. 案主與案父之間，較之以往有更多的互動。

　　當然，案主性格上的缺失，如：對案母的過度依賴、低自尊，以及無法抗拒同儕團體的負面影響等，皆需要長時期進行個

別輔導與家庭會談，方有逐漸導正的可能。然在觀察期間案主行為上的具體改善，卻是應該給予其肯定和鼓勵的。

輔導成效檢討

　　針對案家整體系統的結構性問題，我評估有介入家庭的必要性，故與少年調查官搭配進行家庭會談，以期協助案父母發掘與正視案家問題，釐清家庭成員間的互動模式，進而導正案父母管教子女的態度與方式，使案家的家庭功能得以恢復正常運作。

　　觀察期間兩次家庭會談，在我與少年調查官的引導下，案父母了解亦認同輔導人員對案主非行成因及家庭動力模式的解析，並允諾往後與輔導人員配合進行改變。但就我的觀察，以及與案家成員進行會談所得，雖然案父與案家子女的互動頻率已較前增加許多，顯示案父的角色功能有所增強，不過，案父對子女的態度仍偏屬消極。我認為，案父弱化的角色功能並非僅歸因於其單方面，也與案母在家中的強勢和對子女的占有慾、控制感有必然相關；再者，案家夫妻次系統間情感上的疏離與淡漠，導致案父、案母的溝通不良、各行其是，均是欲協助案家使其家庭功能得以正常運作的莫大阻力，亦使介入案家之問題解決過程呈現膠著，難見成效。

具體建議

　　在觀察期結束後，針對本家庭內性侵案件，我提出兩點處遇意見：

1. 在四個月的觀察期間，透過輔導人員之個別輔導與家庭會談的實施，案主的行為較之案發前已有明顯的改善；再者，由於縣政府性侵害防治中心的介入，已強制案主前往指定醫院接受精神醫療團隊每月一次的「輔導教育」、每週一次的「身心治療」。雖然治療成效尚難評估，但我認為，經由精神醫療體系從不同的角度提供診斷與治療，對解決案主發展適應上之問題，應是正面而有力的奧援。故針對案主日後的處遇方式，我所提的建議是，讓司法單位之保護管束措施與精神醫療體系的心理治療兩相配合，置案主於法律的規範力量下，逐步接受精神醫療團隊（包括：精神科醫師、臨床心理師、社工師等）的診療，使案主身心得以正常發展，並順利解決環境適應上之困難。亦即，在了解精神醫療團隊的運作模式與治療方向後，司法單位人員將退居為輔助者的角色，以配合精神醫療團隊為原則，輔助治療工作的進行，使治療效果更得以彰顯。

2. 至於案家部分，我評估案父母有接受親職教育輔導之必要性，以導正夫妻雙方在親子互動上的一些錯誤認知與價值觀，如此方能從根解決問題，使案家家庭功能得以正常運作。

身為受害者的案妹，乃是另一個值得注意的部分，由於年齡尚幼，無法確切判斷出本事件對其產生的影響，然卻不得忽視隨著案妹年歲增長，生理上性的驅動力愈加增強，而隱性的潛伏危機將有明朗化的可能。故我認為，應知會性侵害防治中心將案妹列為長期追蹤、觀察之個案，以避免本事件對案妹身心發展造成任何不利的影響。

・陳若璋（2001）。性罪犯心理學——心理治療與評估。臺北：張老師文化。

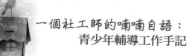

結尾
用「心」看輔導

從事助人工作十餘年來，雖然服務對象以兒童和青少年為主，但我也有緣接觸過一些不同年齡層的案主，包括被醫師診斷患有重度憂鬱症的媽媽、遭受重大天災一夕之間家族成員大半罹難的中年男士、婚姻陷入低潮而關係形同陌路的夫妻、曾因使用毒品而入獄的更生人、獨自撫養孫子身心俱疲的阿嬤、不甘心女友劈腿而觸犯妨害祕密罪的研究生……。在與成千上百個案的互動經歷中，我看見人們在情感需求上的高度相似，也見到人在面對挫折、苦難時，存在著相當程度的變異性；情感層面的相似，使人際間的深度同理與了解成為可能，而蘊含於人際之間的個別差異與無限可能，均使助人者不得不放下絕對式的專業論斷，用謙卑、欣賞的態度來對待案主的獨特，亦讓助人成為一門科學與藝術性格兼備的專業，其中，藝術成分的開發與揮灑對助人者尤為重要。現在的我，總是把人類內在的歷程變化視為美學，它也經常震撼、感動著我。

作為一個直接服務人群的社會工作師，在我的助人架構裡，不時地流動著「系統」與「動力」兩種思維。強調多元的系統性思考，引領我關注人與環境間的相互影響和變化，除了重視社會文化的變遷，亦促使我跳脫線性因果論的框架，讓我將注意力置於人或事件的發展脈絡，並令我能夠放下非好即壞、非黑即白、

非對即錯、非善即惡的二元對立價值判斷，耐心地理解生存於情境中的人，是如何長成為此時此境的他／她。而強調深度的動力性思考，則推動我穿透行為或情緒的表象，直指人們內心最深刻的想望與渴求。這使我領悟到，即便人們看似穿著如此剛硬、冷漠的防衛盔甲，但其實內在往往都有顆脆弱、易感的哭泣之心，故若能碰觸到案主的真實感受，也能讓案主感受到我這個助人者的善意，輔導工作才會有開始的可能。

從事青少年輔導工作是相當具有挑戰性的。一來，青少年處在身心急遽變化的發展狀態，由於感受到身體成長所賦予的力量，且心智上也逐漸因能思考、分析、判斷而產生自我的意識、主見，當其所思、所感、所為與環境的期待和要求有落差時，就難免陷入適應的困境。在工作上，我時常見到青少年憤怒、懷疑、迷惘、困惑、矛盾、衝突及失落的情感狀態，而顯現於外的姿態則是衝動傲慢、對外在事物看似冷漠、牴觸規範、頂撞權威、盲目從眾、容易在人際互動上出現防衛等。二來，社會的快速變遷、資訊傳遞的繁複，讓我們的青少年不時置身於大量具誘導性的外在刺激下，故產生是非難辨、真假難明的混淆狀態，這樣的莫衷一是，更加深了青少年對環境的不確定性和不信任感。

我三不五時發現，很多家長、老師，甚至是學有專精的助人工作者，急於想要解決他們眼中的青少年「問題」，在說理、苦勸無效後，就傾向動用權威的威權手段來嚇阻、壓制青少年，其結果呢？則是可想而知的適得其反，少年們可能一味抗爭，也可能陽奉陰違，令管訓者頭痛、無力不已。問題解決的線性思考邏輯，由於把案主視為問題、麻煩或失能者，因此，助人者與案主無形中便容易處在對立的位置，即便助人者欲表達接納、同理，往往也只是讓案主覺得隔靴搔癢，不夠真誠一致。

在注重成本和效能考量的現行助人架構下，青少年輔導工作的焦點常被設定在偏差行為能獲得立即性的矯正，此種設定有其必要性，只是往往因此讓輔導工作者淪為要加速問題解決的權控工具，也就忽略掉輔導強調成長、自主自發的本質，且亦忽視了輔導關係的重要性，殊不知「沒有關係，沒有輔導」。若在晤談中，輔導者僅一味地與案主談社會期待及行為要求，那對案主而言，輔導者的角色和其他外在權威又有何不同，只不過是又多了一個進行道德勸說或監控自己的人罷了！

輔導關係是輔導工作的基礎，而輔導關係的建立與否，首重輔導工作者能否深刻地了解、同理案主的內在感受，進而與案主產生具有意義的個人接觸（making personal contact）。倘若具信任、尊重與安全的輔導氛圍無法形成，輔導者也就難以與個案發展出「工作同盟」，更遑論進入處理問題、改變行為的階段。然而，輔導者也無須為了關係的建立，一味地呵護、討好案主，這對案主獲致成長或改變並無任何助益，僅可能會讓輔導雙方失去界限，造成案主的依賴、退化與不負責任，亦導致輔導者的無力、挫敗。

再者，在談話過程中，輔導者對個案之情感狀態是否關切並具有足夠的敏銳度相當重要。通常，若輔導者有較高的敏銳度，則其對案主問題行為成因的解讀便能較為深刻。當輔導者對人我的覺察較透徹時，便不會太急著要案主作改變，也不會給自己賦予太多壓力，期待能趕快出現輔導成效。這是因為，我們理解「冰凍三尺，非一日之寒」，若已清楚個案行為問題的成因其實是盤根錯節、環環相扣的，就會發現問題的解決並非如此單純，換句話說，不是工作者給出個「專業」建議或解釋，案主的問題便可迎刃而解。

　　在本書的字裡行間，不時流動著系統與動力兩種觀照人間世的基本態度，而藉由這兩種視框，我希望自己作為一個輔導工作者，能融入案主的生活情境與成長脈絡，促使一種人際間的深刻了解與交會成為可能。此外，長年在青少年實務工作中打滾，也讓我意識到，僅憑單一專業要來處理人的問題，力量不但相當薄弱，成效也頗為有限，故我認為，透過不同助人專業間的多元思考、對話與合作，以形成科際整合性質的團隊工作模式，才是讓助人者能量得以久長的重要路徑。

　　最後，我深信，每個人都希望自己是一個有意義的存在，但意義並非得自於外在評價，而是一種細膩咀嚼生命經驗後的豁然開朗與平實。或許可以這麼說，撰寫本書的過程，猶如與自己的實務經驗對話，也藉此賦予並豐富了專業生命的意義，我相當享受！

國家圖書館出版品預行編目（CIP）資料

一個社工師的喃喃自語：青少年輔導工作手記 / 蘇益志著.
-- 初版. -- 臺北市：心理, 2011.06
面；　公分. --（輔導諮商系列；21100）

ISBN 978-986-191-435-0（平裝）

1.青少年問題　2.青少年輔導

544.67　　　　　　　　　　　　　　100009082

輔導諮商系列 21100

一個社工師的喃喃自語：青少年輔導工作手記

作　　者：蘇益志
執行編輯：陳文玲
總 編 輯：林敬堯
發 行 人：洪有義
出 版 者：心理出版社股份有限公司
地　　址：231 新北市新店區光明街 288 號 7 樓
電　　話：(02) 29150566
傳　　真：(02) 29152928
郵撥帳號：19293172 心理出版社股份有限公司
網　　址：http://www.psy.com.tw
電子信箱：psychoco@ms15.hinet.net
駐美代表：Lisa Wu（lisawu99@optonline.net）
排 版 者：菩薩蠻數位文化有限公司
印 刷 者：竹陞印刷企業有限公司
初版一刷：2011 年 6 月
初版六刷：2019 年 7 月
I S B N：978-986-191-435-0
定　　價：新台幣 250 元